JN411716

삶의 태도를 바꾸는 지적인 습관

사유의 문장, 영어 필사 100일

영어키위새
엮고 지음

If anyone tells you
that you know nothing,
and you are not angered,
then you have begun
the work of philosophy.

원어민 낭독과 함께 읽어보세요.

※ 일부 문구는 실제 고대 철학자의 원전이 아닌,
후대에 그 고대 철학자가 말했다고 전해진(In the spirit of…) 명언입니다.

Contents

Preface

⁕

The soul becomes dyed with the color of its thoughts.

영혼은 그가 가진 생각의 색으로 물든다.

- 마르쿠스 아우렐리우스 -

주체적인 삶, 성취하는 삶을 살아왔다고 자신했지만,
그것은 인생의 거친 파도를 제대로 맞아본 적이 없는
어린 생각일 뿐이었습니다.

힘든 시간들을 지날 때 무엇이라도 붙잡고
희망을 느끼고 싶어 매일 밤 혼자 책상에 앉아 시작한 필사가
짙은 어둠 속 희미하지만 분명하게 존재하는 빛처럼
제게 희망을 주었습니다.

소개해 드리는 문장들이
여러분 마음에 따뜻한 위로와 깊은 울림이 되길 바랍니다.

I once believed I was living a self-directed,
accomplished life, but that was merely the naive thought of
someone who had never truly faced the rough waves of life.

During difficult times, longing to hold onto something and
feel hope, I began copying passages at my desk alone every night.
This practice became a faint yet undeniable light
in the deep darkness, giving me hope.

I hope the sentences I share bring
warmth, comfort, and deep resonance to your hearts.

영어키위새
김윤진 드림

How to Read

이 책은 이런 구성이에요

이 책은 역사 속 다양한 철학자들의 명문장 100개를 엄선했습니다. 철학자의 말이 일반 명문장과 다른 점은 무엇일까요? 네, 철학자들은 우리를 생각하게 만들죠. 바쁜 삶 속에 기계적으로 살고 있는 우리가 하기 힘든 '삶의 의미'에 대해 이야기합니다. 여러분이 그런 문장들을 손으로 직접 옮겨 써보며, 한 번쯤 사유할 시간을 드리는 게 이 책의 목적입니다. 영어로 원문을 제공하기 때문에 영어도 덤으로 배울 수 있죠.

각 문장은 다음과 같은 구성으로 이루어져 있습니다.

✳ 영어 원문

동양과 서양 철학사에 굵직한 흔적을 남긴 철학자들의 말을 원문과 가장 가깝게 영어로 실었습니다. 쉼표 하나, 줄바꿈 하나에도 의미가 달라질 수 있기 때문에 세밀하게 정리하고 조정했습니다.

✳ 한글 번역과 문장 해설

단순한 직역을 넘어 독자분들에게 인생을 사유할 수 있는 순간을 드릴 수 있도록 세심하게 옮겼습니다. 조금은 어려울 수 있는 철학자의 문장이 가능한 한 쉽게 이해되도록 적절히 직역과 의역을 병용했습니다.

✳ 주요 단어 풀이

문장을 해석하는 데 도움이 될 수 있는 영어 원문의 주요 단어를 의미와 함께 제공합니다. 어렵지 않게 간결한 의미로 정리했습니다.

※ 작가의 코멘트

철학자의 문장을 음미하기 쉽도록 작가의 코멘트를 제공합니다. 이해하기 쉽도록 작가의 삶과 생각으로 문장의 뜻을 하나씩 짚어주고, 문장의 주요 부분에 대한 영어 학습적인 해설도 추가했습니다.

※ 잠시 멈춰 생각해보기

철학자의 문장을 보고 느끼고 써본 뒤에 스스로 한번 생각해보는 코너입니다. 어렵게 여기지 마시고 잠깐 시간을 두고 깊이 생각해보세요.

필사는 문장을 쓴 사람의 사유와 그 마음을 간접적으로 느껴보는 과정입니다.
이 책을 빠른 속도로 다 쓰시지 말고, 천천히 하루에 하나씩 정성껏 써보셔야
이 책에 실린 철학자들의 통찰을 좀 더 음미하실 수 있다고 생각합니다.
하나의 문장이 내 삶을 흔들고 때로는 견고하게 해주는 시간을 가져보세요.

자, 이제 시작해봐요!

Chapter
01

Vulnerability

취약함

*

Growth is not born from perfection,
but from the courage to face our fragility.

성장은 완전함에서 태어나지 않고,
자신의 연약함을 마주하는 용기에서 시작됩니다.

001

Strength Through Fear

두려움을 통한 힘

What we fear most in ourselves is
often the seed of our greatest growth.

- In the spirit of Epictetus -

우리가 스스로 가장 두려워하는 것은
종종 우리의 가장 큰 성장을 위한 씨앗이다.

- 에픽테토스의 철학을 담아 -

fear 두려움; 두려워하다 seed 씨앗 greatest 가장 큰, 가장 위대한 growth 성장

Date . .

많은 사람 앞에서 말하는 것이 가장 두려웠던 저는, 이제 수십만 명의 구독자들과 삶의 경험과 이야기를 나누는 일을 업으로 삼고 있습니다. 두려움은 저를 늘 사람들에게서 숨어들게 했었지만, 그 두려움을 마주한 순간 새로운 길이 열림을 경험했습니다. 여러분이 가장 두려워하는 것은 무엇인가요? 오늘, 그 두려움을 조심스레 꺼내어보시길 바랍니다. 그 두려움이 바로 여러분만의 비밀스러운 힘, 성장의 비기(秘器)가 되어줄 것입니다. 위 문장은 긴 주어를 사용한 구조로, What we fear most in ourselves(우리가 우리 자신 안에서 가장 두려워하는 것)가 문장의 주어입니다. 즉, 'what + 주어 + 동사' 형태의 절이 하나의 명사처럼 주어로 쓰인 예문입니다.

⁎

What is the strongest fear you hold? If you face it today, what change might begin?

여러분이 가진 가장 큰 두려움은 무엇인가요? 오늘 그 두려움을 마주한다면 어떤 변화가 시작될까요?

Rest in Change

변화 속에서의 쉼

The tree that does not learn to bend
will be broken by the wind.

- Lao Tzu -

바람에 굽힐 줄 모르는 나무는 결국 꺾인다.

- 노자 -

learn 배우다 bend 굽히다, 숙이다 broken 부러진, 부서진

Date . .

강하다는 것은 휘어지지 않는 완고함이 아니라, 유연하게 흔들리며 다시 제자리로 돌아올 수 있는 힘입니다. 갈대가 바람에 몸을 맡기듯, 우리도 인생의 시련 앞에서 기꺼이 휘어질 수 있어야 합니다. 휘어짐은 부서지는 연약함이 아니며, 다시 일어서기 위한 힘을 가지고 있기 때문이죠. 지금 인생의 바람 앞에 흔들리고 계신가요? 이 흔들림의 시간은 결국 여러분을 다시 일으켜줄 든든한 힘이 될 것입니다. that does not learn to bend는 명사를 꾸며주는 관계대명사절로, 앞의 The tree를 설명하는 형용사 역할을 합니다.

☀

What challenge is shaking you right now,
and how could you face it with more flexibility?

지금 어떤 어려움 앞에서 흔들리고 있나요? 그 어려움에 더 유연하게 대처하려면 어떻게 해야 할까요?

003

Learning Through Imperfection

불완전함을 통한 배움

Better to know one's own weakness
than to imagine one's strength.

- In the spirit of Cicero -

자신의 강함을 상상하는 것보다 자신의 약함을 아는 편이 더 낫다.

- 키케로의 철학을 담아 -

imperfection 불완전함 weakness 약함, 약점 imagine 상상하다

Date . .

꿈꾸는 모습만 바라보면 현실의 나는 꿈과 점점 더 멀어지지만, 약함을 인정하는 순간부터 목표를 향한 진정한 발걸음을 내디딜 수 있습니다. 내 약점을 분명히 알게 되면, 그때부터 비로소 성장을 준비할 수 있기 때문이죠. 넘어질 가능성이 있는 곳을 알면 조심할 수 있고, 감당하기 힘든 무게를 알면 도움을 요청할 수 있습니다. 약함을 직시하는 용기는 우리를 겸손하게 만들고, 진정한 강함으로 이끌어줄 것입니다. 위 문장은 It is better to … than to ~에서 It is가 생략된 비교 구문입니다.

*

In what moments do you notice your weakness showing?

여러분은 어떤 순간에 자신의 약함이 드러나는 것을 느끼나요?

Weakness as Real Strength

약함을 통한 참된 강인함

Man's greatness lies in his knowing his own misery.

- Blaise Pascal -

인간의 위대함은 자신의 비참함을 아는 데 있다.

- 블레즈 파스칼 -

greatness 위대함 lie in ~에 있다, ~에서 비롯되다 misery 고통, 비참함

Date . .

도움이 필요했지만 괜찮은 척하며 혼자 버텼던 순간, 상처받았지만 아무렇지 않은 듯 웃어넘겼던 순간, 우리는 오히려 더 쉽게 무너지곤 합니다. 약함을 숨기는 데 급급하다 보면 마음은 점점 더 연약해지지만, 정작 우리는 그 무너져가는 모습을 보지 못할 때가 많은 것 같습니다. 그러나 진짜 위대한 순간은 '내가 이렇게 연약하고 비참하다'는 것을 솔직하게 인정하는 바로 그때 시작됩니다. 비참함을 직시하는 용기, 한계와 부족함을 숨기지 않는 겸손 속에서 비로소 진정한 힘이 자라납니다. in his knowing his own misery는 동사 lies를 꾸며주는 부사구 같은 역할을 합니다.

☀

Have you ever shown your weakness honestly? What happened then?

여러분은 자신의 약함을 솔직히 드러낸 적이 있나요? 그때 어떤 일이 일어났나요?

Strength in Accepting Help

도움을 받아들이는 힘

Be not ashamed to be helped; for it is thy business
to do thy duty like a soldier in the assault on a town.
How then, if being lame thou canst not mount up
on the battlements alone,
but with the help of another it is possible?

- Marcus Aurelius -

도움을 받는 것을 부끄러워하지 마라. 왜냐하면 병사가 성을 공격할 때처럼
너의 임무를 다하는 것이 너의 할 일이기 때문이다.
그렇다면 네가 절름발이라서 혼자서는 성벽에 오를 수 없지만
다른 이의 도움을 받으면 가능하다면 어찌 해야 하겠는가?

- 마르쿠스 아우렐리우스 -

ashamed 부끄러운 assault 공격, 습격 lame 절름발이의, 다리를 저는 mount 오르다, 올라가다
battlements (성 안의) 총안을 낸 흉벽

Date . .

우리는 흔히 스스로 모든 것을 해내야만 강하다고 믿습니다. 하지만 전쟁터의 병사가 혼자만의 힘으로 승리하지 않듯, 도움이 필요한 순간 그것을 받아들이는 것은 결코 나약함이 아닙니다. 오히려 자신의 한계를 인정하고, 함께 힘을 모아 목표를 이루는 것이야말로 진정한 용기이자 강함입니다. Be not ashamed to be helped는 현대 영어로 바꾸면 Don't be ashamed to be helped로, 여기서 Be not은 옛날 명령형 표현입니다. 또한 thy는 your, thou는 you, canst not은 cannot의 고어 형태로, 고전 문체 특유의 격식을 느낄 수 있습니다.

*

If you need help right now, what is it, and who could you reach out to?

지금 도움이 필요한 일이 있다면 무엇이고, 누구에게 도움을 청할 건가요?

The Power of Softness

부드러움의 힘

In the world there is nothing more
submissive and weak than water.
Yet for attacking that which is hard
and strong nothing can surpass it.

- Lao Tzu -

이 세상에 물보다 더 유순하고 약한 것은 없다.
그러나 단단하고 강한 것을 치려 할 때 물을 능가할 것은 없다.

- 노자 -

submissive 순종적인, 유순한 weak 약한 attack 덤벼들다, 공격하다 surpass 능가하다

Date . .

물은 본질적으로 저항하지 않고, 쉽게 흐르며, 약하고 순종적인 것처럼 보입니다. 하지만 이렇게 연약해 보이는 물은 세월을 이기고 바위를 깎아내는 힘을 가지고 있습니다. 우리의 약함도 이와 다르지 않습니다. 우리가 꺼내 보이고 싶지 않은 약함 속에는 사실 우리를 단단하게 빚어가는 힘이 깃들어 있습니다. there is nothing more A than B 구조는 'B보다 더 A한 것은 없다'라는 뜻으로, 최상급의 의미를 나타내는 비교급 표현입니다.

☀

What weakness have you been hiding, and how has it ever helped you in life?

여러분이 감춰온 약점은 무엇이며, 그것이 인생에서 도움이 된 적이 있나요?

Wounds as Teachers

상처가 스승이 되다

Pain is the great teacher of mankind.

- Heinrich Heine -

고통은 인류의 위대한 스승이다.

- 하인리히 하이네 -

pain 고통 great 위대한 mankind 인류, 인간

Date . .

항상 약한 부분에 상처가 나기 쉽습니다. 그 상처는 우리에게 아픔을 주지만, 그 아픔이 단순히 고통만 남기는 것은 아닙니다. 때로는 잠들어 있던 내면을 일깨우는 불씨가 되기도 합니다. 마음을 흔들어 우리가 외면했던 진실을 마주하게 하기도 하고, 멈춰 있던 걸음을 다시 움직이게 하기도 하죠. 오늘, 여러분의 상처가 남긴 흔적을 떠올려보시기 바랍니다. 그 속에는 나를 깨우고, 삶을 더욱 단단하게 뿌리내리게 하는 지혜가 숨어 있지는 않았나요? 참고로 pain이 추상적이고 보편적인 개념으로서의 '고통'을 가리킬 때는 관사 the를 쓰지 않습니다.

⁎

What is the most recent wound in your heart, and what did it awaken in you?

가장 최근에 받은 마음의 상처는 무엇이며, 그것이 여러분에게 어떤 깨달음을 주었나요?

The Strength of Balance

균형의 힘

He who stands on tiptoe is not steady;
he who strides cannot maintain the pace.

- Lao Tzu -

발끝으로 서는 자는 오래 서 있지 못하고,
큰 걸음을 내딛는 자는 오래 걷지 못한다.

- 노자 -

tiptoe 발끝; 발끝으로 걷다 steady 안정된, 흔들림 없는 stride 큰 걸음으로 걷다 maintain 유지하다 pace 속도

Date . .

우리는 흔히 연약함을 감추려 합니다. 강해 보이기 위해 억지로 발끝으로 서기도 하고, 뒤처지지 않으려 큰 걸음을 내딛기도 하죠. 하지만 그런 과장은 오래가지 못합니다. 곧 균형을 잃거나 지쳐 쓰러지기 마련입니다. 반면 약함을 솔직히 받아들이고 고백하는 사람은 억지로 강한 척할 필요가 없습니다. 발끝이 아닌 두 발로 땅을 딛고 서서, 느리더라도 꾸준히 나아가면 결국엔 그 누구보다 멀리 갈 수 있음을 알기 때문입니다. 문장은 He who...로 시작하는데, 이는 '~하는 사람은'이라는 뜻의 예스러운 표현입니다. 현대 영어로 바꾸면 The one who stands on tiptoe처럼 쓸 수 있습니다.

*

Have you ever hidden your weakness by acting strong?
What do you think about it now?
여러분은 약함을 감추기 위해 강한 척을 한 적이 있나요? 지금 돌이켜보면 어떤 생각이 드시나요?

Owning Faults

잘못을 온전히 받아들임

Man is not diminished by confessing his faults;
he is uplifted by owning them.

- In the spirit of Augustine -

인간은 자신의 잘못을 고백한다고 작아지지 않는다.
오히려 그것을 받아들일 때 높아진다.

- 아우구스티누스의 철학을 담아 -

own 소유하다, 인정하다 fault 잘못 diminish 줄이다, 폄하하다 confess 고백하다
uplift (마음·정신을) 북돋우다, (사람을) 높이다

Date . .

실수를 저지르는 것은 인간다움의 증거입니다. 우리는 완벽하지 않기에 넘어지고, 때로는 잘못된 길로 들어서기도 합니다. 문제는 그 실수들을 숨기려고만 할 때, 더 이상 한 발자국도 앞으로 나아갈 수 없게 된다는 것입니다. 반대로, 자신의 결점을 솔직히 드러내는 사람은 도리어 자유를 얻습니다. 나의 잘못과 약함의 고백은 마음의 짐을 덜어내고, 짐이 덜어진 그 공간에 새로운 배움과 성장을 채워넣을 수 있게 됩니다. 여기서 owning them은 owning his faults란 뜻인데, own one's fault(s)는 '자신의 잘못을 인정하다'라는 의미의 관용적 표현입니다. 이처럼 동사 own에는 '소유하다'란 뜻 외에 '(죄·사실·책임 등을) 인정하다'란 의미가 있습니다.

*

When you hid a fault, what weight did it leave on your heart?

잘못을 숨겼을 때, 그것이 마음에 어떤 짐으로 남았나요?

Strength in Admitting Weakness

약함을 인정하는 힘

Our strength grows out of our weakness.

\- Ralph Waldo Emerson -

우리의 강인함은 약함으로부터 자란다.

\- 랄프 왈도 에머슨 -

strength 강함, 강점 weakness 약함, 약점 grow 자라다

Date . .

눈물이 나거나, 작은 비판에도 마음이 흔들리거나, 혼자서는 어떤 일을 끝내지 못할 때 우리는 스스로를 약하다고 느끼고, 그 순간들을 부끄러워합니다. 하지만 나의 약함을 외면하지 않고 솔직하게 마주할 때 우리는 비로소 자기 자신을 더 잘 이해하게 되고, 더 지혜로운 선택을 할 수 있습니다. 약함을 인정하면 불필요한 부담에서 벗어나고, 필요한 도움을 구하거나 부족한 부분을 채워나갈 수 있는 길이 열립니다. 'out of + 명사'는 '~로부터'라는 의미로, 어떤 결과나 원인이 특정 근원에서 비롯됨을 나타내는 표현입니다.

※

What weakness can you acknowledge today that may help you grow stronger?

오늘 어떤 약점을 인정함으로써 더 강해질 수 있을까요?

Dear Reader,

I realized, only after many years, that the more I tried to hide my weakness, the more heavily it weighed on me.

Admitting it felt like stripping away parts of myself, and the process was painful. But now, I try hard to look at it clearly and accept it as it is.

Weakness is not a bad thing to remove. It is the starting point for growth. In my weakness, I have learned, become stronger, and found a new me with new power.

Don't be afraid of weakness anymore. Starting right there is real courage. And as we walk that path, we will grow for sure.

With love and courage,

연약함을 감추려 할수록 그것은 더 크게 나를 짓누른다는 것을 오랜 시간이 지나고 나서야 깨달았습니다.

그것을 인정하기까지 스스로를 깎아내는 것 같은 고통이 따랐지만, 이제는 있는 그대로 바라보고 인정하려 많은 노력을 합니다.

연약함은 사라져야 할 결점이 아니라, 성장을 향한 출발점이 되기 때문입니다. 저의 연약함 속에서 저는 배우고, 단단해지고, 새로운 힘이 솟아나는 또 다른 나를 발견할 수 있었습니다.

더 이상 연약함을 두려워하지 마세요. 그곳에서부터 시작하는 것이 진정한 용기이고, 그 길을 걸으며 우리는 반드시 성장하게 됩니다.

사랑과 용기를 담아,

Chapter
02

Resilience

회복력

*

Resilience is the power
to reshape yourself in the midst of breaking,
and to discover light within your wounds.

회복력은 부서짐 속에서 다시 모양을 갖추는 힘이며,
상처 속에서 빛을 찾는 힘입니다.

Behind the Shine

빛나는 모습 뒤에

Fire tests gold, misfortune tests brave men.

- Seneca -

불은 금을 시험하고, 불행은 용기를 시험한다.

- 세네카 -

fire 불 test 시험하다, 단련하다 misfortune 불행, 시련 brave 용감한

Date . .

빛나는 순간은 누구의 눈에도 잘 띄지만, 그 이면에 있는 수많은 고통과 시련은 종종 간과됩니다. 보석이 거친 돌에 갈리며 완성되어가듯, 사람 또한 고난과 역경을 헤쳐나가며 단단해집니다. 때로는 넘어지고, 앞이 보이지 않아 눈물이 날 만큼 힘겨울 때도 있습니다. 그러나 바로 그 과정이 여러분을 빛나게 해주는 연마의 시간이 된다는 것을 기억하세요. brave men은 관사 없이 쓰인 복수 명사로, '용감한 사람들' 전체를 포괄적으로 나타내는 표현입니다.

*

Which trial in your life has made you stronger and wiser?

여러분을 더 강하고 지혜롭게 만든 시련은 무엇이었나요?

True Self in Trials

시련 속 진짜 나

Difficulties show what men are.

- Epictetus -

어려움은 그 사람이 어떤 사람인지를 보여준다.

- 에픽테토스 -

difficulty 어려움, 시련 show 보여주다

Date . .

평온한 날에는 누구나 자신감 넘치고 관대한 마음으로 현명한 결정을 내릴 수 있습니다. 하지만 예상치 못한 시련이 찾아오면 우리는 비판에 예민해지고, 실수 하나에 눈물을 흘리고, 때로는 무력감에 휩싸이기도 합니다. 그렇지만 우리는 비난 속에서도 침착함을 배우고, 눈물 속에서도 단단함을 찾으며, 무력감 속에서도 다시 일어서는 법을 배울 수 있습니다. 지금 여러분 앞에 놓인 어려움을 여러분의 진짜 모습을 드러내고 더 강하게 만들어줄 기회로 생각해보세요. what men are는 'what + 주어 + be동사' 형태의 명사절로, 주어(사람이나 사물)의 본질·정체성·성격을 의미합니다. Ex. What you are shapes your future.(당신이 어떤 사람인지가 당신의 미래를 형성한다.)

*

What were you like when you faced hardship?

시련을 겪을 때 여러분은 어떤 모습이었나요?

Glory in Overcoming

극복 속에 있는 영광

The greater the difficulty,
the more glory in surmounting it.

- In the spirit of Epictetus -

어려움이 클수록, 그것을 극복하는 영광도 크다.

- 에픽테토스의 철학을 담아 -

glory 영광 difficulty 어려움 surmount 극복하다

Date . .

가벼운 바람은 나뭇가지를 흔들 뿐이지만, 거센 폭풍은 나무의 뿌리를 더 깊게 내리게 합니다. 잔잔한 파도는 배를 조금 흔들 뿐이지만, 큰 파도는 우리를 더 넓은 바다로 나아가게 합니다. 어려움이 커질수록 그 뒤에 찾아오는 성취와 보람은 더욱 찬란해집니다. 오늘 만나는 도전 앞에서 두려움 대신, 그 안에 숨겨진 축복을 바라볼 수 있는 우리가 되길 바랍니다. The greater the difficulty와 the more glory는 'the + 비교급, the + 비교급' 구문으로 '~하면 할수록 ~하다'란 의미입니다.

☀

Which hardship do you feel most proud to have overcome?

여러분이 극복한 어려움 중 가장 자랑스러운 것은 무엇인가요?

Rising Through Hardship

고난을 통한 일어섬

Man is not made for easy times,
but to rise through hardships.

- In the spirit of Aristotle -

인간은 순탄한 시기를 위해 태어난 것이 아니라,
역경을 딛고 일어서기 위해 태어났다.

- 아리스토텔레스의 철학을 담아 -

rise 일어서다, 올라서다 hardship 역경, 고난 be made for ~을 위해 만들어지다

Date . .

모든 것이 쉽고 편안하다면, 그것은 참 달콤하겠지만 우리를 성장으로 이끌지는 못합니다. 삶이 우리에게 주는 진짜 선물은 넘어지고 무너질 때마다 다시 일어설 기회를 준다는 데 있지 않을까요? 인간은 고난 속에서 자신을 발견하고, 시련 속에서 비로소 진짜 힘을 배워나가기 때문입니다. 그래서 삶의 역경은 우리에게 내려지는 벌이 아니라, 우리를 더 높은 자리로 이끄는 초대일지도 모릅니다. 위 문장에 사용된 not A but B는 'A가 아니라 B이다'라는 뜻으로, A를 부정하고 B를 강조하는 대조 구문입니다.

*

What strength do you hope to build through today's struggles?

오늘의 어려움을 통해 여러분은 어떤 힘을 기르고 싶으신가요?

The Obstacle Becomes the Way

장애물이 곧 길이 된다

The impediment to action advances action.
What stands in the way becomes the way.

- Marcus Aurelius -

행동을 막는 장애물이 오히려 행동을 앞으로 나아가게 한다.
길을 가로막는 것이 곧 길이 된다.

- 마르쿠스 아우렐리우스 -

impediment 장애물 advance 나아가게 하다, 촉진하다 stand in the way 길을 막다

Date . .

몇 년 전 커리어가 단절되었을 때 일을 할 수 있는 모든 길이 끊겼다고 생각했지만, 이 단절은 저를 새로운 분야로 이끌어주었습니다. 건강이 악화되었을 때는 몸을 돌보지 못했던 시간을 돌아보게 했고, 스스로를 보살피는 법을 배울 수 있었습니다. 돌이켜보면, 삶의 역경들은 제 길을 가로막고만 있었던 것은 아니었습니다. 오히려 그 힘듦의 시간들은 저에게 또 다른 길을 보여주었고, 그 길 위에서 저는 다양한 삶의 색을 경험하며 성숙해질 수 있었습니다. 막다른 길이라고 생각되시나요? 어쩌면 그곳은 끝이 아니라, 아직 발견하지 못한 또 다른 길의 입구인지도 모릅니다. What stands in the way(길을 가로막는 것)는 'what + 동사' 구조의 명사절로, 문장의 주어로 사용되었습니다.

*

What current obstacle in your life could become a new path forward?

여러분의 삶에서 지금 마주한 장애물 중, 새로운 길이 될 수 있는 것은 무엇인가요?

Fortified by Misfortune

불운으로 단단해지다

Constant misfortune brings this one blessing:
whom it always assails, it eventually fortifies.

- In the spirit of Seneca -

끊임없는 불운에는 한 가지 축복이 있다.
끊임없이 시련을 겪는 이는 결국 그로 인해 강해진다.

- 세네카의 철학을 담아 -

fortify 단단하게 하다, 강화하다 misfortune 불행 assail 공격하다, 괴롭히다

Date . .

시련이 이어지면 우리는 때로 한없이 무너집니다. 하지만 어떻게든 그 무게를 견뎌낸 뒤에는 더 이상 쉽게 무너지지 않는 힘이 우리 안에 뿌리내립니다. 시련은 우리를 약화시키는 것이 아니라, 궁극적으로 우리를 단련시켜 강하게 만드는 것입니다. 어쩌면 시련과 불행은 우리 내면에 잠재되어 있는 힘을 일깨우는 엄격한 스승과 같은 존재가 아닐까요? whom it always assails는 관계대명사절로, '그 불행이 항상 덮치는 사람을'이란 뜻의 문어체적이고 고전적인 표현입니다. 현대 영어로 자연스럽게 바꾸면 the people it constantly attacks are eventually strengthened가 됩니다.

*

What hardship are you facing right now, and how might it turn into a blessing?

여러분은 지금 어떤 시련을 겪고 있나요? 그 시련은 어떻게 축복으로 변할 수 있을까요?

More Powerful Within

더욱 강한 내면

It's time you realized that you have something in you more powerful and miraculous than the things that affect you and make you dance like a puppet.

- In the spirit of Marcus Aurelius -

이제 깨달아야 한다. 우리 안에는 우리를 흔들고 꼭두각시처럼 움직이게 만드는 것들보다 더 강력하고 기적 같은 무언가가 있다는 것을.

- 마르쿠스 아우렐리우스의 철학을 담아 -

realize 깨닫다 miraculous 기적 같은 affect 영향을 미치다 puppet 꼭두각시

Date . .

우리는 좋은 일이 생기면 기뻐하고, 나쁜 일이 닥치면 흔들립니다. 때로 외부의 사건들이 우리의 삶을 지배하는 주인처럼 느껴지기도 합니다. 하지만 진정한 주인은 세상이 아니라 우리의 내면에 있습니다. 마음을 들여다보면 두려움과 불안도 있지만, 동시에 다시 일어설 수 있는 힘의 근원도 있습니다. 외부의 풍파가 얼마나 거센지 걱정하기보다, 내 안의 회복력이 어떻게 나를 일으킬지에 집중하세요. 오늘 내 마음을 들여다볼 용기와 결심, 그리고 그것이 행동으로까지 이어진다면 삶의 주도권은 여러분의 손에 단단히 쥐어질 것입니다. It's time… 구문은 '~할 때다'라는 뜻으로, 원래 가정법적 뉘앙스를 가지고 있어 realized라는 과거형 동사를 사용하는 점에 주의하세요.

*

How can you take back the ownership of your life?

어떻게 삶의 주도권을 되찾을 수 있을까요?

Proved by Adversity

역경을 통한 증명

No man is more unhappy than
he who never faces adversity.
For he is not permitted to prove himself.

- In the spirit of Seneca -

역경을 한 번도 마주하지 않은 사람보다 더 불행한 이는 없다.
그는 자신을 증명할 기회를 얻지 못하기 때문이다.

- 세네카의 철학을 담아 -

adversity 역경, 고난 face 마주보다, 직면하다 permit 허락하다, 허가하다 prove oneself 자신을 증명하다

Date . .

편안한 길만 걸어간 사람은 시험대에 설 기회를 잃은 사람입니다. 넘어짐을 경험하지 못했다면 아픔을 느껴볼 기회도 놓쳤을 것이고요. 그런데 어째서 이런 순간들이 '기회'가 되는 걸까요? 이런 순간들을 통해 스스로를 단련하고, 내 안의 힘을 확인할 수 있기 때문입니다. 우리의 진짜 용기와 힘은 역경 속에서 드러나며, 그때 비로소 증명됩니다. he who never faces adversity는 '역경을 한 번도 마주하지 않은 사람'이란 뜻으로, who 이하의 말들이 he를 구체적으로 설명합니다.

*

Have you ever had the chance to prove yourself through hardship?

여러분은 시련을 통해 스스로를 증명할 기회를 가져본 적이 있나요?

019

Stronger Than You Think

생각하는 것보다 강하다

Ask, "Why is this so unbearable?
Why can't I endure it?"
You'll be embarrassed to answer.

- Marcus Aurelius -

스스로에게 물어라. "왜 이것을 이토록 참을 수 없는가?
왜 나는 이것을 견디지 못하는가?"
곧 답하기 부끄러워질 것이다.

- 마르쿠스 아우렐리우스 -

unbearable 참을 수 없는 endure 견디다, 버티다 embarrassed 난처한, 부끄러운

Date . .

저는 어려운 상황 앞에서 종종 핑계를 대며 피하려 했던 때가 있었습니다. 그때는 부정했지만 이제 솔직히 고백하자면, 그저 그게 가장 쉬운 길이었기 때문이었습니다. 문제를 해결하는 답은 언제나 단순합니다. 바로 '실행'이죠. 외부의 상황이 나를 가로막는 것처럼 느껴져도 진정한 주도권은 항상 내 안에 있기에 결단하고 움직이는 순간, 견디기 힘들 것 같던 일들이 조금씩 풀려나갑니다. 멈추지 않고 행동하는 순간들은 흔들리는 마음에 눈 돌릴 틈을 주지 않습니다. 명령문 Ask 뒤에 직접 의문문을 써서 스스로에게 질문을 던지는 구조로, 반문(rhetorical question)을 사용하여 감정이나 깨달음을 강조하는 표현입니다.

☀

What excuse did you make today, and can you move past it to take action?

오늘 여러분이 댄 핑계는 무엇인가요? 이 핑계를 넘어 실행할 수 있나요?

Turning Setbacks Into Strength

좌절을 힘으로 바꾸기

Just as nature takes every obstacle, every impediment,
and works around it—turns it to its purposes,
incorporates it into itself—so, too,
a rational being can turn each setback into raw material
and use it to achieve its goal.

- In the spirit of Marcus Aurelius -

자연이 모든 장애물과 방해를 받아들여
자신의 목적에 맞게 바꾸고 그것을 스스로의 일부로 삼듯이,
이성적인 존재도 모든 시련을 재료로 삼아 목표를 이루기 위해 사용할 수 있다.

- 마르쿠스 아우렐리우스의 철학을 담아 -

setback 시련, 좌절 obstacle 장애물 impediment 방해, 장애 incorporate 포함하다, 통합하다, 스스로의 일부로 삼다
rational being 이성적인 존재 raw material 원재료, 밑바탕 achieve 성취하다

Date . .

한 가지 재료만으로는 깊은 맛을 내기 어렵습니다. 여러 재료가 어우러지며 비로소 음식은 깊고 다채로운 풍미를 가지게 됩니다. 삶도 이와 같습니다. 쓴맛처럼 느껴지는 시련조차 다른 순간들과 만나고 얽히면, 인생에 더 깊은 향과 맛을 더합니다. 살아가며 만나게 되는 장애물들을 품어낼 때, 그것들은 나를 가로막기보다 조용히 내 안에 녹아들어 삶을 더 풍요롭고 충만하게 채워줄 것입니다. just as는 '마치 ~처럼', '~와 같이'란 의미의 비교를 나타내는 접속사로, 주로 문장의 앞부분에 사용되어 뒤따르는 절과의 비교를 통해 그 유사성을 효과적으로 강조합니다.

*

What parts of your life will you use as material for growth?

여러분은 삶에서 어떤 것들을 성장의 밑거름으로 삼을 건가요?

Dear Reader,

I prayed to God to fix my problems, but I got bigger challenges instead.

Why is life so tough? How long do I have to feel broken?

Why doesn't God hear my prayers?

Every night, I ended my day with prayers full of frustration.

But now I see.

Those hard times were to make me stronger,

and God was helping me see the strength growing inside me little by little.

With light and love,

신께 제 문제를 해결해 달라고 기도했지만, 대신 더 큰 시련이 찾아왔습니다.

사는 게 왜 이렇게 힘든 걸까? 언제까지 무너져야 하는 걸까?

왜 신은 내 기도를 들어주지 않으시는 걸까?

매일 밤, 좌절로 가득 찬 기도로 하루를 마무리하곤 했습니다.

하지만 이제는 압니다.

그 시련의 시간들은 나를 단련하기 위한 과정이었고,

신은 내 안에서 조금씩 자라나는 힘을 보게 해주셨음을요.

빛과 사랑을 담아,

Chapter
03

Purpose & Action

목적과 행동

※

With unwavering purpose, every obstacle transforms into a stepping stone to greatness.

흔들림 없는 목적을 품는다면,
모든 장애물은 위대함으로 나아가는 디딤돌이 됩니다.

Know Your Destination

목적지를 분명히 알라

If one does not know to which port one is sailing,
no wind is favorable.

\- Seneca -

어느 항구로 향하는지 모른다면, 어떤 바람도 도움이 되지 않는다.

\- 세네카 -

port 항구 sail 항해하다 favorable 유리한

Date . .

10년의 커리어가 끝나버렸을 때, 저는 어떠한 항구도 보이지 않는 거친 바다 위에 떠 있는 기분이었습니다. 어디로 나아가야 할지 알 수 없어 무기력했습니다. 하지만 시간이 흐른 뒤에 저는 깨달았습니다. 항구가 보이지 않았던 것이 아니라, 제가 단 한 번도 어떤 곳으로 향해야 할지 스스로 정한 적이 없었다는 사실을요. 방향을 정하지 않았으니 불어오는 어떠한 바람도 도움으로 느끼긴커녕 배가 뒤집히지 않을까 전전긍긍하기만 했던 거죠. 하지만 목적지를 마음에 그려넣는 순간, 인생에 불어오는 바람들이 저를 밀어주는 힘이 되더군요. to which port one is sailing은 sail(항해하다)의 방향을 나타내는 전치사 to와 의문사 which가 함께 쓰여 '어느 항구로 향하는지'를 뜻합니다.

*

What is the 'port' you are sailing toward in life right now?

여러분이 지금 인생에서 향하고 있는 '항구'는 어디인가요?

022

Begin at Once

지금 당장 시작하라

You must not only aim right,
but draw the bow with all your might.

- Henry David Thoreau -

올바르게 겨냥할 뿐만 아니라,
온 힘을 다해 활을 당겨야 한다.

- 헨리 데이비드 소로 -

aim 겨냥하다, ~을 목표로 하다 draw 끌어당기다 bow 활 might 힘, 권력

Date . .

누구나 목표를 세울 수 있습니다. 하지만 목표를 바라본다고 화살이 저절로 날아가지는 않습니다. 활시위를 힘껏 당겨야 화살이 목표를 향해 날아갈 수 있습니다. 우리의 삶도 마찬가지입니다. 마음속으로 다짐만 하거나 머릿속으로 계획만 세운다면, 그건 여전히 멈춰 있는 화살일 뿐입니다. 온 힘을 다해 행동으로 옮기는 순간, 그때 비로소 목표를 향한 여정이 시작됩니다. not only A but (also) B는 두 가지를 모두 강조할 때 쓰는 구문으로, not only aim right와 but draw the bow with all your might라는 두 동사구를 나열해 균형 있게 표현하고 있습니다.

*

What is one goal you've been aiming at but not acting on?

당신이 겨냥만 하고 실행하지 않은 목표는 무엇인가요?

Don't Wait for Certainty

확실함을 기다리지 마라

If one waits for certainty, he will wait forever.

- Seneca -

확실함을 기다린다면, 그는 영원히 시작하지 못할 것이다.

- 세네카 -

wait 기다리다 certainty 확실함, 확신 forever 영원히

Date . .

흔히 모든 조건이 완벽히 갖춰질 때를 기다리곤 합니다. 준비가 충분하고 상황이 안정되어야만 시작할 수 있다고 말입니다. 하지만 인생에서 그런 순간은 결코 오지 않을지도 모릅니다. 확실한 순간을 끝없이 기다린다면 아무 일도 시작할 수 없을 것입니다. 불완전한 시작으로도 길이 열리고 경험을 쌓아나갈 수 있습니다. 그리고 바로 그때 비로소 지혜와 자신감이 자라나기 시작합니다. 이 문장은 if 조건절로, 미래 상황을 가정하는 조건절에 현재시제인 waits를 쓰는 점이 포인트입니다.

☀

What have you been waiting to start until "the right moment"?

여러분은 어떤 일을 '완벽한 순간'을 기다리며 미뤄왔나요?

Deeds Define Us

행동이 우리를 정의한다

It is not what we say, but what we do that defines us;
words pass away, but deeds endure.

- In the spirit of Thomas Aquinas -

우리를 규정하는 것은 말이 아니라 행동이다.
말은 사라지지만, 행위는 오래 남는다.

- 토마스 아퀴나스의 철학을 담아 -

deed 행위, 행동 define 규정하다, 정의하다 pass away 사라지다 endure 오래가다, 지속되다

Date . .

우리는 종종 말로 자신을 표현하려 하지만, 진정으로 우리를 드러내는 것은 행동입니다. "책을 읽어야지"라고 말하면서 휴대폰만 붙잡고 있는 대신, 잠들기 전에 책 한 장이라도 펼쳐보는 작은 행동이 진짜 변화를 만들고, '가족을 더 챙겨야지'라고 다짐하는 대신, 부모님께 드리는 짧은 안부 전화 한 통이 마음을 가장 확실하게 전해줍니다. 말은 바람처럼 흘러가지만, 행동은 우리의 흔적을 분명히 남깁니다. 위 문장은 It is … that ~ 강조 구문으로, not what we say, but what we do가 강조되는 부분입니다. 세미콜론(;)은 두 개의 의미상 밀접한 독립절을 이어, 문장의 흐름을 자연스럽게 연결해줍니다.

⁎

What small action can you take today that speaks louder than words?

오늘, 말보다 더 크게 마음을 전할 수 있는 작은 행동은 무엇일까요?

Aim at a Definite End

분명한 목표를 겨냥하라

Man is not made for random choice,
but to aim at some definite end.

- In the spirit of Aristotle -

인간은 무작위로 선택하도록 만들어진 존재가 아니라,
분명한 목표를 향하도록 만들어진 존재이다.

- 아리스토텔레스의 철학을 담아 -

aim at ~을 겨냥하다, 목표하다 definite 분명한, 확실한 end 끝, 목적, 목표 random choice 무작위 선택

Date . .

분명한 목표가 없다면, 우리의 선택과 행동은 매번 공중에 흩어지고 말 것입니다. 목표를 세우고 그것을 위해 경주마처럼 달려나가는 것이 때로는 내 삶을 좁고 외로운 틀 안에 가두는 것 같이 느껴질 수도 있습니다. 하지만 그 과정은 우리 안의 가능성들을 한 방향으로 모으고 목표를 향해 좀 더 담대히 걸어갈 수 있는 힘을 키워줄 것입니다. 이 문장은 not A but B 구문으로, 인간이 '무작위적 선택(random choice)'이 아니라 '명확한 목표(definite end)'를 향하도록 만들어졌음을 대조적으로 보여줍니다. 동사 aim 뒤에는 전치사 at이 함께 쓰여 목표의 방향을 나타냅니다.

⁕

What is the definite end you are aiming at in this season of your life?

여러분은 지금 삶의 이 시점에서 어떤 뚜렷한 목표를 향해 나아가고 있나요?

Define to Begin

시작하기 위해 정의하라

The beginning of wisdom is to define your terms.

- In the spirit of Socrates -

지혜의 시작은 자신의 개념을 명확히 규정하는 데 있다.

- 소크라테스의 철학을 담아 -

define 정의하다, 규정하다 beginning 시작 wisdom 지혜 term 용어, 개념

Date . .

우리는 종종 "행복해지고 싶다", "성공하고 싶다"라는 말을 합니다. 하지만 그 '행복'과 '성공'이 나에게 무엇을 의미하는지 정의하지 않는다면, 남의 삶과 내 삶의 비교가 시작됩니다. 지혜의 시작은 내가 쓰는 말과 개념을 분명히 하는 데 있고, 삶의 목적 역시 마찬가지입니다. 내가 원하는 삶이 구체적으로 어떤 모습인지, 어떤 가치를 지향하는지 명확히 정의할 때 진정한 내 삶의 길이 드러나고 완전한 행복을 경험하게 됩니다. 이 문장은 '주어 + be동사 + to부정사'의 구조로, to define your terms가 주격 보어 역할을 합니다.

*

Have you ever had a vague goal? Can you try to define it more clearly now?

모호했던 목표가 있나요? 지금 구체적으로 정의해볼까요?

Be, Don't Argue

논쟁하지 말고 실천하라

Waste no more time arguing
what a good man should be. Be one.

- Marcus Aurelius -

좋은 사람이란 무엇인가를 두고 논쟁하며 더 이상 시간을 낭비하지 마라.
그냥 좋은 사람이 되라.

- 마르쿠스 아우렐리우스 -

argue 논쟁하다 waste 낭비하다 good man 좋은 사람 be one 직접 되다, 행동으로 살아내다

Date . .

진정한 변화는 말이 아니라 행동에서 시작됩니다. 친절을 정의하기보다 오늘 누군가에게 작은 친절을 베푸는 것, 정의를 설명하기보다 지금 내 앞의 일을 정직하게 해내는 것이 바로 그 길입니다. 머릿속에서 답을 찾기보다, 오늘 일상 속에서 내가 곧 그 답이 되어보세요. 고전적이거나 격식 있는 문체에서는 Don't waste… 대신 Waste no… 형태를 써서 더 단호하고 간결한 명령을 표현합니다. 문어체이며 명언에 어울리는 힘 있는 어조를 만들어줍니다.

*

Is there someone around you who shows goodness through actions?
What do they do?

주변에 행동으로 선함을 보여주는 사람이 있나요? 그는 어떤 행동을 하나요?

028

If You Want It, Do It

원한다면 직접 해라

If you want to be a writer, write.

- Epictetus -

작가가 되고 싶다면, 글을 써라.

- 에픽테토스 -

want to ~하고 싶다 writer 작가 write 쓰다, 글을 쓰다

Date . .

우리는 꿈을 꾸지만, 정작 실행은 하지 않은 채 그저 미련 가득한 꿈으로 남겨놓는 경우가 많습니다. 하지만 이런저런 상념 속에 갇혀 있기보다, 어설프고 볼품없더라도 지금 그냥 하는 것이 중요합니다. 작가가 되고 싶다면 오늘 한 줄이라도 쓰고, 영어를 잘하고 싶다면 오늘 한 문장이라도 입 밖으로 소리 내어 말해보세요. 여러분이 쓰고 말하는 일을 매일 반복한다면, 어느새 그 꿈은 여러분의 현실이 되어 있을 것입니다. 이 문장은 '조건문(if절) + 명령문'의 구조로, '만약 ~하고 싶다면, ~하라'라는 직설적 조언을 표현합니다.

*

What is something you want to be,
and what is the simplest first step you can take today?
여러분이 되고 싶은 것은 무엇이고, 오늘 시작할 수 있는 가장 단순한 첫걸음은 무엇인가요?

Live by Your Values

자신의 가치관에 따라 살아라

Do not waste what remains of your life in speculating about your neighbors… Be simple, good, pure, serious, unpretentious, a friend of justice.

- Marcus Aurelius -

남은 삶을 이웃에 대한 추측으로 낭비하지 말라.
단순하고, 선하고, 순수하며, 진지하고, 꾸밈없고, 정의의 벗이 되라.

- 마르쿠스 아우렐리우스 -

values 가치관 remain 남다 speculate 추측하다 unpretentious 꾸밈없는 justice 정의

Date . .

우리는 종종 남의 삶에 대해 이야기하며 시간을 보냅니다. 누가 어떤 선택을 했는지, 왜 그렇게 행동했는지에 대해 끝없이 떠들죠. 하지만 이런 가십이 우리에게 무엇을 남길까요? 결국엔 우리의 소중한 시간을 허무하게 흘려보낼 뿐입니다. 단순함으로 마음을 비우고, 선함으로 타인을 대하며, 정의로움을 행동으로 옮길 때, 우리의 삶은 낭비가 아닌 목적과 의미로 빛날 것입니다. 이 문장은 두 개의 명령문으로 이루어져 있습니다. 첫 부분 Do not waste...는 부정 명령문(~하지 말라), 두 번째 부분 Be simple, good, pure...는 'Be + 형용사'가 반복된 긍정 명령문(~가 되라)입니다.

☀

What deserves more of your focus than gossip in your own life?

가십보다 여러분의 삶에서 더 집중해야 할 부분은 무엇인가요?

Philosophy in Action

철학은 행동으로

Don't explain your philosophy. Embody it.

- Epictetus -

당신의 철학을 말로 설명하지 말고, 삶으로 보여주어라.

- 에픽테토스 -

philosophy 철학, 신념 explain 설명하다 embody 구현하다, 구체화하다

Date . .

아무리 좋은 씨앗이라도 땅에 심지 않으면 열매를 맺을 수 없습니다. 저는 매일 함께 영어 원서를 한 페이지씩 읽는 스터디 모임을 꾸준히 이끌며, 많은 분들과 '영어 원서 완독'이라는 값진 경험을 쌓고 있습니다. 만약 제가 "영어는 꾸준히 해야 한다"라고 말로만 설명했다면, 이렇게 많은 분들이 성공에 이르지는 못했을 것입니다. 신념이 열매 맺기를 원한다면 오늘 행동으로, 삶으로 보여주세요. 위 문장은 Don't explain…(~하지 말라)이라는 부정 명령문과 Embody…(~를 실천하라)라는 긍정 명령문을 병렬로 배치해, '말이 아닌 행동으로 보여주라'라는 강한 메시지를 전달합니다.

✳

What value is most important for you to show in action today?
How will you show it?

오늘, 행동으로 보여주어야 할 당신의 가장 중요한 가치는 무엇인가요? 그것을 어떻게 보여주실 건가요?

Dear Reader,

The other day, I came across a short video that really spoke to me. It said not to keep your goals only far away, but to also write down your yearly goals, monthly goals, and even tomorrow's goals. The message was clear: while keeping your big dream in sight, define what you can do today. By doing so, life gradually finds direction and gains the strength to move toward its destination.

Perhaps right now some of you may feel, "I don't really know what my purpose is." But that's okay. Purpose is not discovered all at once; it usually reveals itself little by little through our daily experiences. The hints of the 'harbor' you are sailing toward may already be quietly hidden in the flow of everyday life.

So, don't be in a hurry. Instead, start something small right now. Each small step you take today builds the road for tomorrow, and one day, when you look back, those steps will shine as the footprints of your journey.

With faith and fortitude,

얼마 전 우연히 보게 된 짧은 영상 하나가 마음에 와닿았습니다. 그 영상에서는 목표를 멀리 두기만 하지 말고, 일 년의 목표, 한 달의 목표, 그리고 내일의 목표를 함께 적어보라고 하더군요. '큰 꿈을 바라보며 오늘 할 수 있는 일을 정의하라. 그렇게 함으로써 삶은 점차 방향을 찾고 목적지를 향해 나아갈 힘을 얻는다'라는 의미입니다.

아마 여러분 중에는 지금 '내 목적이 무엇인지 잘 모르겠다'라고 느끼는 분들도 계실 겁니다. 하지만 괜찮습니다. 목적은 단번에 찾아지는 것이 아니라, 일상의 경험 속에서 조금씩 드러나기 마련이니까요. 여러분이 향해 가는 '항구'의 단서들은 이미 매일의 삶 속에 은밀히 숨어 있을지도 모릅니다.

그러니 조급해하지 마시고, 당장 작은 무엇이라도 시작해보세요. 오늘의 작은 한 걸음이 내일의 길을 만들고, 언젠가 돌아보았을 때 여러분의 삶을 빛나게 하는 발자국이 될 것입니다.

믿음과 굳건함을 담아,

Chapter
04

Consistency

꾸준함

※

Consistency is the quiet strength
that turns small steps into lasting victories.

꾸준함은 작은 발걸음을 영원한 승리로 바꾸는 조용한 힘입니다.

Shape Your Life Through Purpose

목적을 통해 인생을 빚어라

We become just by doing just acts,
temperate by doing temperate acts,
brave by doing brave acts.

- Aristotle -

우리는 올바른 행동을 함으로써 올바른 사람이 되고,
절제된 행동을 함으로써 절제하는 사람이 되며,
용감한 행동을 함으로써 용감한 사람이 된다.

- 아리스토텔레스 -

just 올바른, 정직한 act 행동 temperate 절제하는, 절도 있는

Date . .

한 번의 큰 결심보다 작고 올바른 행동을 하루 더 이어가는 것, 그것을 통해서만 우리는 목표로 한 것에 최종적으로 더 다가갈 수 있습니다. 'become + 형용사'는 '~한 상태가 되다', '~한 사람이 되다' 라는 의미로 become은 상태 변화, 형용사는 도달하고자 하는 성품이나 특징을 표현하고 있습니다.

☀

What simple action can you take today to become who you want to be?

여러분이 되고 싶은 모습에 한 걸음 더 가까워지기 위해 오늘 할 수 있는 간단한 행동은 무엇인가요?

Keep Going

계속 나아가라

It does not matter how slowly you go
as long as you do not stop.

- In the spirit of Confucius -

멈추지 않는 한, 얼마나 천천히 가는지는 중요하지 않다.

- 공자의 철학을 담아 -

matter 중요하다 as long as ~하는 한

Date . .

너무 느려서 뒤처진다고 생각되시나요? 중요한 건 멈추지 않는 거예요. 꾸준히 한 걸음씩 나아가는 그 힘이 결국 우리를 원하는 곳으로 데려다줄 것입니다. 여기서 It은 가주어로, how slowly you go라는 명사절(진주어)을 대신해 문장 맨 앞에 쓰였습니다. 또한 as long as는 '~하는 한'이라는 조건 부사절 접속사로, '멈추지 않기만 하면 속도는 중요하지 않다'는 뜻을 전달합니다.

✳

Is there something you've kept going with, even when it was hard?

힘들어도 계속해온 일이 있나요?

Small Steps, Great Well-being

작은 걸음이 큰 행복을 만든다

Well-being is attained little by little,
and nevertheless it is no little thing.

- In the spirit of Zeno of Citium -

행복은 조금씩 쌓여 이루어지지만, 결코 작은 것이 아니다.

- 키티온의 제논의 철학을 담아 -

attain 이루다, 획득하다 little by little 조금씩 nevertheless 그럼에도 불구하고

Date . .

시시해 보이는 작은 행동과 실천의 축적이 삶을 근본적으로 바꿔놓는 거대한 힘이 되었던 경험이 있으신가요? 행복은 단번에 손에 쥐어지는 성취가 아닙니다. 매일의 작은 선택, 사소해 보이는 한 걸음이 모여 우리 삶의 방향을 바꾸어갑니다. 눈에 잘 띄지도 않는 매일 1%의 성장이 1년이 지나면 새로운 차원의 변화를 만드는 것처럼 말입니다. 이 문장은 수동태(be + p.p.)가 사용되어, '행복(Well-being)이 얻어진다(is attained)'라는 뜻을 나타냅니다.

*

What small step today can you take that will add to your well-being?

오늘 여러분의 행복을 조금씩 키워줄 작은 걸음은 무엇인가요?

Quietly, Without Stopping

조용하게, 하지만 멈춤 없이

To entire sincerity there belongs ceaselessness.
Not ceasing, it continues long.
Continuing long, it evidences itself.

- *Doctrine of the Mean*, Zisi -

진실함에는 끊임없음이 따른다.
끊임없으면 오래 지속된다.
오래 지속되면 그 진실함이 드러난다.

- 『중용(中庸)』, 자사 -

entire 완전한, 온전한 sincerity 진정성, 성실함 ceaselessness 멈추지 않음, 지속성 evidence 증명하다, 드러내 보이다

Date . .

지극한 성실함에는 멈춤이 없습니다. 멈추지 않기에 오래 이어지고, 오래 이어지기에 결국 삶으로 증명됩니다. 결국 얼마나 강한 열정으로 시작했느냐가 아니라 얼마나 자주, 얼마나 오래 같은 자리에 서 있었는가가 중요합니다. 오늘도 조용히, 하지만 계속해서 나아가보세요. 첫 문장은 Ceaselessness belongs to entire sincerity.를 재배치한 문장으로, entire sincerity를 강조하기 위해 문두로 도치시킨 것입니다.

*

Has someone's success ever looked easy to you?
What kind of effort do you think was behind it?
누군가의 성공이 쉬워 보인 적이 있나요? 그 사람은 어떤 노력을 했을까요?

Persistence Wears Down Mountains

끈기는 산을 깎아낸다

The drops of rain make a hole in the stone,
not by violence, but by falling often.

\- Lucretius -

빗방울이 돌에 구멍을 내는 것은
세게 때려서가 아니라 자주 떨어지기 때문이다.

\- 루크레티우스 -

drop 물방울 violence 격렬함, 폭력 often 자주

Date . .

거창하게 세운 계획은 결국 나를 옭아매는 덫이 되어 금세 포기와 좌절로 이끕니다. '하루에 이만큼씩 해서 되겠어?' 하는 정도의 작은 일들을 매일 해보세요. 매일의 그 작은 걸음들은 무너지지 않는 확실한 힘이며, 이 힘들이 모여 어느새 돌아보면 우리는 원하는 곳에 이미 도착해 있을 것입니다. 이 문장은 not by A, but by B의 구조로, 격렬한 힘이 아닌 반복적인 낙하가 원인임을 대조하여 보여주고 있습니다.

*

What is one thing you are doing again and again, hoping it will make a difference?

변화를 바라며 당신이 반복해서 하고 있는 한 가지는 무엇인가요?

Daily Effort Matters

매일의 노력이 중요하다

No great thing is created suddenly,
any more than a bunch of grapes or a fig.
If you tell me that you desire a fig,
I answer you that there must be time.
Let it first blossom, then bear fruit, then ripen.

- Epictetus -

위대한 것은 갑자기 만들어지지 않는다.
포도송이나 무화과가 그렇듯이.
당신이 무화과를 원한다고 말하면,
나는 시간이 필요하다고 답하겠다.
먼저 꽃이 피고, 열매를 맺고, 그다음 익어야 한다.

- 에픽테토스 -

a bunch of 한 송이의, 한 다발의 fig 무화과 blossom 꽃이 피다 bear fruit 열매를 맺다, 결실을 보다 ripen 익다, 성숙하다

Date . .

비가 오고, 눈이 오고, 바람이 부는 날에도 무화과는 자라는 것을 멈추지 않습니다. 매일 온 힘을 다해 자라고, 꽃을 피우고, 열매를 맺습니다. 목표를 설정하고 매일 걸어나가는 그 걸음이 늘 편하고 쉬운 것은 아닙니다. 하지만 묵묵히 그 걸음들을 더해나간다면 우리는 달게 익은 무화과 열매를 맛볼 수 있게 됩니다. no/not A, any more than B는 비교 부정으로, 'A도 B만큼이나 ~하지 않다'라는 의미의 표현입니다. 위 문장에서는 위대한 것이 갑자기 만들어지지 않음을 포도나 무화과가 갑자기 생기지 않는 것에 비유해 강조하고 있습니다.

*

What goal in your life requires patience and steady effort, like a fruit slowly ripening?

당신의 삶에서 어떤 목표가 과일이 서서히 익듯 인내와 꾸준한 노력을 필요로 하나요?

Habit Guides Great Achievements

습관이 위대한 성취를 이끈다

Practice and habit are masters even over important matters, for it is by repeated action that we gain the power to accomplish great things.

- In the spirit of Cicero -

연습과 습관은 심지어 중요한 일들조차 지배하는 주인이다. 왜냐하면 반복된 행동을 통해서만 우리는 위대한 일을 성취할 힘을 얻기 때문이다.

- 키케로의 철학을 담아 -

practice 연습, 실행 even 심지어, ~조차도 over ~ 위에, ~에 대해 matter 문제, 사안 accomplish 이루다, 성취하다

Date . .

살다 보면 피곤하고, 의욕도 없고, 그냥 모든 걸 미루고 싶은 그런 날들이 있습니다. 그럴 때 우리가 한 걸음 뗄 수 있게 만드는 것이 바로 습관이에요. 습관은 우리의 의지를 넘어서는 힘을 가집니다. 내 마음속에 불평과 핑계가 들어차기 전, 습관에 의해 몸이 먼저 움직이게 되죠. 여러분이 꿈꾸는 큰 성취, 그건 바로 오늘의 작은 습관에서 시작됩니다. 여기서 over는 '~에 대해', '~을 지배하여'라는 뜻으로, 지배나 영향력의 범위를 나타냅니다. 즉, even over important matters는 '중요한 일들조차 지배하는'이란 의미로, 연습과 습관의 영향력을 강조합니다.

☀

What accomplishment in your life have you achieved
through consistent, repeated efforts?

여러분은 인생에서 꾸준하고 반복된 노력으로 어떤 성취를 이루어왔나요?

Steady Progress

꾸준한 전진

Nothing is more effective than persistence.
The mind must be trained daily.

- In the spirit of Epictetus -

꾸준함보다 더 효과적인 것은 없다. 마음은 날마다 단련되어야 한다.

- 에픽테토스의 철학을 담아 -

effective 효과적인 persistence 끈기, 꾸준함 train 훈련하다

Date . .

"저는 4년 동안 훈련해서 9초를 달립니다. 하지만 사람들은 2개월 만에 결과가 없으면 포기하죠." 우사인 볼트가 어느 인터뷰에서 한 말입니다. 정말 그렇지 않나요? 우리는 빠른 결과를 기대하며 금세 지쳐버립니다. 하지만 습관은 다릅니다. 불평과 핑계를 늘어놓기도 전에, 이미 당신의 몸을 움직이게 만드는 것이 습관입니다. 오늘, 기분이 어떻든 목표한 일을 행동으로 옮겨보세요. 이 문장은 비교급 강조 구문 Nothing is more … than ~의 예로, '~보다 더 …한 것은 없다'란 의미입니다.

*

What new habit do you want to build, and how can you keep it every day?

여러분이 새로 만들고 싶은 습관은 무엇이며, 그것을 매일 이어가기 위해 어떻게 해야 할까요?

Through Constant Practice

끊임없는 연습을 통하여

Constant practice devoted to one subject often outdoes both intelligence and skill.

- In the spirit of Cicero -

한 가지 주제에 꾸준히 매달린 연습은 때로 지성과 기술을 능가한다.

- 키케로의 철학을 담아 -

constant 끊임없는, 꾸준한 devote 바치다, 헌신하다 subject 주제 outdo 능가하다

Date . .

타고난 재능이나 빠른 두뇌보다 더 강한 힘은 꾸준한 실천입니다. 매일 같은 자리에서 조금씩 반복하는 그 힘이 결국은 능력을 완성시키죠. '천 가지 기술을 얕게 익힌 자는 두렵지 않지만, 한 가지 기술을 깊게 갈고닦은 자는 두렵다'라는 말이 있죠. 이 말은 단순하지만 강력합니다. 우리가 매일 쌓아가는 작은 습관, 그 반복이야말로 진정한 힘의 원천입니다. 이 문장은 Constant practice devoted to one subject 전체가 주어, outdoes가 동사로 쓰인 기본 구조를 파악하는 것이 중요합니다.

✳

What one habit are you consistently practicing, and how is it making you stronger?

여러분이 꾸준히 연습하고 있는 한 가지 습관은 무엇이며, 그것이 여러분을 어떻게 더 강하게 만들고 있나요?

Each Step Makes the Journey Shorter

한 걸음 한 걸음, 도착이 가까워진다

Long is the way and hard,
but by persevering we conquer all,
for every step taken with patience shortens
the road before us.

- Seneca -

길은 멀고 험하지만, 꾸준히 인내함으로써 우리는 모든 것을 이겨낸다.
인내로 내딛는 한 걸음 한 걸음이 결국 길을 짧게 만들기 때문이다.

- 세네카 -

persevere 인내하다, 꾸준히 하다 conquer 정복하다, 극복하다 shorten 짧게 하다, 단축하다

Date . .

분명한 건 무엇이든 지름길은 없다는 것입니다. 하지만 신기하게도, 조급함을 내려놓고 꾸준히 걸으면 멀게만 느껴졌던 그 길이 어느새 짧아져 있습니다. 인내하며 한 걸음씩 나아가는 동안, 우리는 이미 목표에 가까워지고 있기 때문입니다. 때로는 고단하고, 포기하고 싶은 순간들이 찾아옵니다. 하지만 바로 그 순간, 한 번 더 시도해보는 선택이 중요해요. 포기하지 않는 당신에게, 이미 승리의 길은 열려 있습니다. Long is the way and hard는 도치 구문입니다. 본래 어순은 The way is long and hard인데, 형용사 long을 문장 맨 앞으로 옮겨 강조와 문어적 리듬감을 주었습니다.

⁂

When has steady perseverance made a difficult journey feel shorter for you?

꾸준히 인내하며 나아간 덕분에 험한 길이 짧게 느껴졌던 순간은 언제인가요?

Dear Reader,

Looking back, there were many days when I couldn't finish what I started. I was always impatient, full of drive, but lacked the strength to push to the finish. Because of that, I often gave up halfway.

The reason, I realized, was simple. I tried to achieve big goals all at once. It was a plan that made me tired quickly and forced me to give up. Back then, I didn't understand this and only blamed my lack of willpower.

Now, I know better. Big dreams need to be broken into smaller pieces. Taking small, doable steps every day is what matters. Those small successes, built day by day, ultimately lead me to the finish line.

I only came to realize the true lesson of the story of the tortoise and the hare after living it through my thirties and reaching forty. It's not the quick start that matters, but the steady steps without stopping that ultimately lead to victory.

With warmth and sincerity,

돌아보면 시작했던 일을 끝내지 못한 날들이 많았습니다. 저는 늘 성격이 급했고, 추진력은 강했지만 끝까지 밀고 나가는 힘이 약했습니다. 그래서 자주 중도에 포기하곤 했습니다.

돌이켜보니 이유는 단순했습니다. 너무 큰 목표를 한 번에 이루려 했던 것이죠. 쉽게 지치고, 금세 포기할 수밖에 없는 계획이었는데, 그땐 이를 몰라서 오직 제 의지력만 탓했습니다.

하지만 이제는 압니다. 큰 꿈도 작은 조각으로 나누어 매일 실행 가능한 작은 걸음을 내딛어야 한다는 것과 그렇게 하루하루 이어가는 작은 성공들이 모여, 끝내 나를 완주로 이끌어준다는 것을요.

토끼와 거북이 이야기의 진짜 교훈을, 제 삼십 대 내내 온몸으로 겪으며 마흔이 되어서야 깨닫게 되었습니다. 빠른 출발이 중요한 게 아니라, 멈추지 않는 꾸준한 걸음이 결국은 승리로 이끈다는 것을요.

따뜻한 마음과 진심을 담아,

Chapter
05

Gratitude

감사

*

The attitude of thankfulness turns ordinary life into a blessing.

감사의 태도는 평범한 일상을 축복으로 바꿉니다.

041

Gratitude Begins With Awareness

감사는 알아차림에서 시작된다

The greatest blessings of mankind are within us and within our reach.

- Seneca -

인류의 가장 큰 축복은 우리 안에 있고, 우리 손이 닿는 곳에 있다.

- 세네카 -

blessing 축복 mankind 인류 reach (팔이) 미치는 거리, (영향력 등의) 범위

Date . .

우리 손이 닿는 곳에 있다는 큰 축복이 무엇일까요? 원하는 곳에 두 발로 걸어갈 수 있고, 커피 한 잔을 사 마실 수도 있고, 밤에는 돌아갈 집과 나를 맞아줄 가족 있다는 것이 제게는 손에 닿는 축복입니다. 세상에 당연한 것은 없고 모든 것은 제가 받은 축복임을 오늘도 감사히 생각합니다. 이 문장은 The greatest blessings of mankind가 주어, are가 동사입니다. 주어가 길지만 핵심은 blessings(축복들)이며, are 뒤의 within us and within our reach는 축복이 어디에 있는지를 설명하는 보어(전치사구) 역할을 합니다.

☀

What is one blessing in your life that you may have overlooked?

여러분의 삶 속에 이미 있지만 간과했던 축복은 무엇인가요?

042

Gratefulness Brings Peace

감사가 평화를 가져온다

The ungrateful soul is always full of complaints.

- Epicurus -

감사할 줄 모르는 영혼은 언제나 불평으로 가득하다.

- 에피쿠로스 -

ungrateful soul 감사할 줄 모르는 영혼 full of ~로 가득한 complaint 불평

Date . .

빈 컵에 물이 반잔 담겨 있는 것을 보고 누군가는 반이나 남았다며 감사하고, 다른 누군가는 반밖에 없다며 불평합니다. 이 작은 시선의 차이가 삶을 완전히 바꿉니다. 부족한 것에만 집중하면 마음은 끝없는 불만으로 가득 차지만, 지금 가진 것에 눈을 돌리면 삶을 기쁨으로 채울 수 있습니다. 컵 안의 물은 바꿀 수 없어도, 그것을 바라보는 시선은 우리가 선택할 수 있습니다. 오늘, 여러분은 컵에 담긴 반잔의 물을 어떤 마음으로 바라보셨나요? be full of는 '~로 가득하다'라는 표현입니다.

*

What in your life can you be thankful for right now?

여러분은 지금 이 순간, 여러분의 삶에서 무엇에 감사할 수 있나요?

043

Treasure What You Have

지금 가진 것을 소중히 여겨라

Do not spoil what you have by desiring what you have not; remember that what you now have was once among the things you only hoped for.

- Epicurus -

없는 것을 바라며 가진 것을 망치지 말라.
지금 네가 가진 것은 한때 네가 바라던 것이었음을 기억하라.

- 에피쿠로스 -

spoil 망치다 desire 바라다, 욕망하다 hope for ~를 바라다, 기대하다

Date . .

우리는 종종 더 많은 것을 원하느라 이미 가진 것을 잊곤 합니다. 하지만 지금 여러분이 가진 것, 곁에 있는 사람들, 누리고 있는 일상은 당연한 것이 아니라, 모두 감사해야 할 선물들입니다. 그 사실을 기억하는 순간, 우리의 삶은 더욱 충만해질 것입니다. 이 문장은 두 개의 명령문으로 이루어져 있습니다. 첫 부분 Do not spoil...은 부정 명령문으로 '~를 망치지 말라'는 뜻이며, 두 번째 부분 remember that...은 '~를 기억하라'라는 의미를 전달합니다.

*

What do you have today that you once only dreamed of?

지금 당신이 가진 것 중, 한때는 그저 꿈꾸기만 했던 것은 무엇인가요?

Grateful for What Remains

남아 있는 것에 감사하기

Do not be ungrateful for the benefits you have received.

- Marcus Aurelius -

받은 혜택에 감사하지 않는 사람이 되지 말라.

- 마르쿠스 아우렐리우스 -

ungrateful 감사하지 않는 benefit 혜택, 은혜 receive 받다

Date . .

한동안 저는 감사할 것이 하나도 없다고 느꼈습니다. 가진 모든 것이 사라진 것만 같았기 때문입니다. 그때 저를 일으켜준 건 감사 일기를 쓰는 작은 습관이었습니다. 처음엔 적어놓고 보니 너무 보잘것없어서 한숨이 나오는 지경이었습니다. 하지만 이 작은 감사들이 쌓이면서 제 삶은 놀랍도록 변하기 시작했습니다. 보잘것없다고 생각했던 것들이 사실 제가 이미 받은 삶의 선물들임을, 힘들었던 순간들조차 저를 단련하는 소중한 과정이었음을 깨닫게 해주었습니다. 감사는 삶을 바라보는 눈을 완전히 바꾸고 회복을 돕는 힘입니다. the benefits (that) you have received는 목적격 관계대명사 that이 생략된 구문입니다.

*

What small things in your daily life can you write down with gratitude today?

오늘 여러분은 일상에서 어떤 작은 것 하나를 감사하며 적어볼 수 있을까요?

A Grateful Mind Is a Great Mind

감사하는 마음이 위대한 마음이다

A grateful mind is a great mind which eventually attracts to itself great things.

- In the spirit of Plato -

감사하는 마음은 위대한 마음이며, 결국 스스로에게 위대한 것들을 끌어당긴다.

- 플라톤의 철학을 담아 -

grateful 감사하는 attract 끌어당기다

Date . .

저에게 감사함이 없던 시절에는 사람들의 말을 제대로 듣는 것조차 불가능했습니다. 모든 말을 꼬아서 듣고 괴로워하며, 스스로 사람들과의 관계를 차단하곤 했습니다. 하지만 감사의 마음을 갖자 사람들의 따뜻한 말을 진심으로 받아들일 수 있었고, 비난 속에서도 배움과 성장의 기회를 찾아내 이 또한 감사하게 여길 수 있었습니다. 감사하는 마음은 삶에 좋은 것들을 가져다줍니다. 위 문장은 관계대명사 which가 쓰인 예로, which eventually attracts to itself great things가 앞의 명사 a great mind를 수식합니다. 이런 구조를 해석할 때는 한국어 문장으로 완벽하게 재조합(후치수식)하려 하기보다는 영어의 흐름대로 따라가는 것이 좋습니다.

✳

How has gratitude brought more goodness into your life?

감사하는 마음이 어떻게 당신의 삶에 좋은 것을 가져다주었나요?

046

The Privilege of a New Morning

새로운 아침의 특권

When you arise in the morning, think of what a precious privilege it is to be alive—to breathe, to think, to enjoy, to love.

- Marcus Aurelius -

아침에 눈을 뜰 때, 살아 있다는 것—숨 쉬고, 생각하고, 즐기고, 사랑할 수 있다는 것이 얼마나 귀한 특권인지 생각하라.

- 마르쿠스 아우렐리우스 -

privilege 특권, 소중한 기회 arise 일어나다, 발생하다 enjoy 즐기다

Date . .

아이와 남편에게 버럭거리며 잔소리를 퍼붓고, 모든 것이 지긋지긋하다고 느끼며 잠자리에 드는 날들이 있습니다. 그런데 아침에 눈을 뜨면, 옆에서 평온하게 자고 있는 아이의 모습과 성실히 출근 준비를 하는 남편의 모습을 보며 전날의 제 모습을 반성합니다. 이렇게 소중한 사람들과 함께 삶을 꾸려나갈 수 있다는 사실에 감사하며, 저는 또 새로운 하루를 시작합니다. 그리고 깨닫습니다. 제가 얼마나 귀한 특권을 누리며 살고 있는지를 말이죠. what a precious privilege it is to be alive는 'what + a + 형용사 + 명사' 구조로, 감탄의 의미를 나타내고 있습니다.

☀

What small thing this morning reminds you that being alive is a privilege?

오늘 아침, 살아 있다는 것이 특권임을 깨닫게 해준 작은 것은 무엇인가요?

Thankful for What Was Given

주어진 것에 감사하다

If you admit to having derived great pleasures, your duty is not to complain about what has been taken away but to be thankful for what you have been given.

- Seneca -

만약 당신이 큰 기쁨을 누린 적이 있다고 인정한다면,
빼앗긴 것에 불평할 것이 아니라 주어진 것에 감사해야 한다.

- 세네카 -

derive 얻다, 끌어내다 complain 불평하다 thankful 감사하는

Date . .

우리가 살면서 어떤 큰 기쁨과 행복을 맛보았다면, 이는 삶 속에 깊이 새겨진 선물입니다. 그 순간이 끝났다고 해서 아무것도 남지 않는 것은 아닙니다. 한때 누렸던 기쁨과 행복은 사라졌을지 몰라도, 분명히 내 것이었다는 사실 자체가 감사의 이유가 됩니다. '그때는 좋았는데', '그때는 행복했는데'라는 후회와 상실에만 머문다면 오늘은 고통으로 가득하겠지요. 하지만 이전에 받았던 것들을 떠올리며 감사할 때, 그 감사가 앞으로의 삶을 지탱하는 큰 힘이 되어줄 것입니다. 문장이 길어 보이지만 not A but B의 구조로, not to complain…(~을 불평하는 것이 아니라), but to be thankful for…(~을 감사하라)라는 대조의 형식을 보여주고 있습니다.

*

What blessing do you have right now that you may have overlooked?

지금 당신이 누리고 있지만 간과하고 있었던 축복은 무엇인가요?

048

Gratitude That Needs No Reason

이유 없는 감사

I feel grateful, not because it profits me,
but because it pleases me.

- Seneca -

나는 이익이 되어서가 아니라,
그저 마음이 기뻐서 감사함을 느낀다.

- 세네카 -

grateful 감사하는 profit 이익; 이익을 주다 please 기쁘게 하다, 만족시키다

Date . .

이 시대의 어른이라 불리는 김장하 선생의 이야기를 다룬『줬으면 그만이지』라는 책이 있습니다. 책은 대가 없는 나눔의 삶을 통해 수많은 이들에게 희망을 전한 김장하 선생의 순수한 베풂의 철학을 보여줍니다. 만약 이익을 따져야만 감사할 수 있다면, 우리의 삶은 늘 조건에 묶여 있을 것입니다. 논리적 셈법으로 계산된 삶이 아니라, 조건 없는 기쁨과 감사로 채워가는 삶을 통해 비로소 우리는 자유롭고 충만한 하루를 살아갈 수 있지 않을까요? not A but B 구조로, A와 B 자리에 because절이 들어가 '이익이 되어서가 아니라, 기쁨을 주기 때문에'라는 이유를 대조적으로 보여줍니다.

*

What brings you pure joy without expecting anything in return?

여러분에게 아무런 대가를 바라지 않고도 순수한 기쁨을 주는 것은 무엇인가요?

049

Count Your Blessings

받은 은혜를 세어보라

Do not indulge in dreams of having what you have not, but reckon up the chief of the blessings you do possess, and then thankfully remember how you would crave for them if they were not yours.

- Marcus Aurelius -

가지지 못한 것을 꿈꾸며 빠져들지 말고,
이미 가진 축복 가운데 가장 귀한 것들을 헤아려라.
그리고 그것들이 네 것이 아니라면
얼마나 간절히 바라게 될지를 감사히 기억하라.

- 마르쿠스 아우렐리우스 -

blessing 축복, 은혜, 좋은 것 indulge in ~에 빠지다, 탐닉하다 reckon up 세다, 따져보다, 계산하다
possess 소유하다 thankfully 감사하며 crave for ~을 갈망하다, 몹시 원하다

Date . .

저는 축농증으로 오랜 시간 고생해왔습니다. 코로 숨을 쉬지 못하다 보니 늘 머리가 무겁고 피곤한 게 일상이었는데, 어느 날 코끝으로 맑은 공기가 스며드는 순간이 있었습니다. 편히 숨 쉬는 것이 얼마나 큰 축복이고 감사인지 눈물이 날 만큼 감격스럽게 깨닫는 순간이었습니다. 우리가 너무 익숙해져서 당연하게 여기는 것들은 사실 삶이 준 큰 축복입니다. 그 사실을 떠올린다면, 주어진 모든 것에 감사하지 않을 까닭이 없죠. how you would crave for them if they were not yours는 remember의 목적어 명사절로, 가정법 과거를 사용해 현재와 반대 상황을 가정합니다.

*

What blessing in your life could you never imagine losing?

여러분의 삶에서 결코 사라져서는 안 될 축복은 무엇인가요?

050

Gratitude for Simply Being

존재함 자체에 대한 감사

I am grateful for what I am & what I have.
My thanksgiving is perpetual.
It is surprising how contented one can be with
nothing definite—only a sense of existence.

- Henry David Thoreau -

나는 내가 누구인지, 그리고 내가 가진 것에 감사한다.
나의 감사는 끊임없다.
아무것도 확실히 가진 것이 없어도, 단지 존재한다는 사실만으로
사람이 얼마나 만족할 수 있는지는 놀라운 일이다.

- 헨리 데이비드 소로 -

grateful 감사하는 perpetual 끊임없는, 영원한 contented 만족한 definite 확실한, 명확한 existence 존재

Date . .

존재 자체만으로 만족하는 마음은 외부의 조건에 흔들리지 않는 내면의 평화를 가져다줍니다. 이 평화는 감사하는 마음을 통해 한층 더 깊어집니다. 감사란 단순히 좋은 점을 억지로 찾아내는 것이 아닙니다. 그것은 우리가 살아 있음을, 지금 이 순간 존재함을 기뻐하고 축하하는 방식입니다. 오늘, 이 순간 살아 있는 나를 힘껏 축하해주세요. 내 마음에 밝힌 초가 내 마음 구석진 곳까지 가득 밝은 빛으로 채울 것입니다. how contented one can be…는 'how + 형용사 + 주어 + 동사'의 감탄문 구조로, '얼마나 만족할 수 있는지'를 강조하고 있습니다.

*

How can you express your gratitude for being alive today through a small action?

오늘 살아 있음에 대한 감사를 작은 행동으로 어떻게 표현할 수 있을까요?

Dear Reader,

There were times when I lost all sense of gratitude.

During those days, my heart was hardened, and everything made me angry. Even the kind greetings from friends or birthday messages would make me collapse in tears. In that season when nothing felt right, I started a gratitude journal. I did it without wanting to, like taking bitter medicine.

After crying for a while, I would stare at the empty page for a long time before writing anything down. What I wrote was so trivial that anyone looking at it might wonder, "Is that really something to thank for?" But those were the only things I could manage to write. Still, those small moments of gratitude started to bring me back to life. Like sunlight slowly melting frozen ground, they brought my heart back, little by little.

Right now, try to find just one small thing to be thankful for. A tiny spark of light will turn on in your heart.

With warmth and hope,

감사하는 마음을 완전히 잃었던 시간들이 있었습니다.

그 시간 동안 제 마음은 강팍했고, 모든 것은 원망의 대상이었습니다. 친구들의 안부 인사나 생일 축하 문자에도 주저앉아 펑펑 울었습니다. 무엇 하나 바로 서지 못했던 그 시절, 울며 겨자 먹기로 감사 일기를 쓰기 시작했습니다.

울고 난 다음 펜을 들고 한참을 종이를 내려다봐야 감사 일기를 쓸 수 있었는데, 누가 보면 저게 뭐 감사할 일이야 싶을 정도로 사소한 것들을 적었습니다. 그것들밖에 쓸 수 없었으니까요. 하지만 그 작은 감사들이 저를 살려내기 시작하더군요. 얼어붙은 땅에 스며드는 햇살처럼 천천히, 하지만 분명히 제 마음을 살려냈습니다.

지금, 작은 감사할 일 하나를 찾아보세요. 여러분 마음에 작은 빛 하나가 켜질 것입니다.

따뜻한 마음과 희망을 담아,

Chapter
06

Acceptance

수용

⁕

To accept is not to surrender, but to open one's heart—
finding peace in what cannot be changed
and freedom in embracing life as it flows.

수용한다는 것은 포기하는 것이 아니라, 마음을 여는 일입니다.
바꿀 수 없는 것에서 평화를 찾고,
삶의 흐름을 있는 그대로 받아들이며 자유를 발견하는 길이에요.

051

Let Go of Control

통제하려는 마음을 놓아라

Make the best use of what is in your power,
and take the rest as it happens.

- Epictetus -

당신의 힘이 미치는 것은 최선을 다하고,
나머지는 흘러가는 대로 받아들여라.

- 에픽테토스 -

make use of ~을 활용하다 power 힘, 능력 rest 나머지, 그 외의 것 as it happens 일이 닥치는 대로, 그대로

Date . .

세상의 많은 일들이 우리 뜻대로 되지 않습니다. 그렇기에 우리가 통제할 수 있는 것에 집중하고, 나머지는 흘려보낼 수 있어야 마음이 편안해집니다. 바다에서 바람의 방향은 우리가 바꿀 수 없지만, 배의 돛은 우리 손으로 조정할 수 있습니다. 바꿀 수 없는 것에 연연하지 말고, 지금 우리가 할 수 있는 것부터 차근차근 시작해보면 어떨까요? make the best use of는 '~을 최대한 활용하다'라는 뜻으로, 원어민들이 자주 쓰는 표현이니 꼭 통째로 익혀두세요.

*

What can you focus on today, rather than worrying about what you can't control?

통제할 수 없는 것에 대해 걱정하기보다, 오늘 여러분이 집중할 수 있는 것은 무엇일까요?

Flow With Ease

편안하게 흐름을 타라

The softest things in the world
overcome the hardest things in the world.

- Lao Tzu -

세상에서 가장 부드러운 것이 가장 단단한 것을 이긴다.

- 노자 -

softest 가장 부드러운 overcome 이기다, 극복하다 hardest 가장 단단한, 가장 어려운

Date . .

물은 장애물에 저항하지 않고 그 주변을 돌아 흘러갑니다. 이런 물의 부드러움은 언뜻 수동적이고 약해 보이지만, 물은 아무도 모르게 이 장애물을 깎아내며 흐르고 있습니다. 삶에서 어쩌지 못하는 장애물 앞에서 우리가 선택할 수 있는 건 완강한 저항이 아니라 유연한 마음입니다. 'the + 최상급 + 명사' 형식을 반복해 대조를 이루는 구조입니다. 즉, the softest things와 the hardest things가 같은 문법 형태로 쓰이지만, 의미적으로는 '부드러움'과 '단단함'의 대비를 강조하고 있습니다.

✳

Can you think of someone in your life who seems gentle on the outside but shows great strength when it really matters?

당신의 삶에서 겉으로는 온화해 보이지만, 정말 중요한 순간에는 놀라운 강인함을 보여주는 사람이 있나요?

How You Respond Matters

어떻게 반응하느냐가 중요하다

It is not what happens to you,
but how you react to it that matters.

- In the spirit of Epictetus -

당신에게 일어나는 일이 중요한 것이 아니라,
그 일에 어떻게 반응하느냐가 중요하다.

- 에픽테토스의 철학을 담아 -

respond 대응하다 matter 중요하다 react 반응하다

Date . .

여행 중 길을 잃었다고 생각해보세요. 틀어진 여행 계획에 조급해하며 하루의 기분을 망치시겠어요? 아니면 발걸음을 늦추고 뜻밖의 풍경과 사람들에게서 새로운 즐거움을 발견해보시겠어요? 예기치 못한 상황이 발생하는 것은 내가 어떻게 할 수 없는 영역입니다. 하지만 그 상황을 대하는 태도는 내 손에 달려 있습니다. 태도의 차이가 우리의 경험을 완전히 다르게 만듭니다. 위 문장은 It is … that ~ 강조 구문으로, 강조되는 not what happens to you, but how you react to it 부분이 주어입니다. 동사는 matters로, '~이 중요한 것이다'라는 뜻입니다.

*

Has there been a time in your life when your plans went off track?
How did you respond, and what result did that response bring?
인생에서 계획이 어긋났던 적이 있나요? 그때 여러분은 어떻게 반응했나요? 그리고 그 반응은 어떤 결과로 이어졌나요?

054

Walk With Fate, Don't Be Dragged

운명과 함께 걸어가되 끌려가지 마라

Fate leads the willing, and drags along the reluctant.

- Seneca -

운명은 기꺼이 따르는 자를 이끌고, 저항하는 자를 끌고 간다.

- 세네카 -

fate 운명 lead 이끌다 drag along 억지로 끌고 가다 reluctant 마지못해 하는, 저항하는

Date . .

삶에서 피할 수 없는 것들이 있습니다. 아무리 거부하고 저항해도 결국은 일어나게 될 일들이죠. 하지만 그 앞에서 어떤 태도를 취하느냐에 따라 우리의 삶은 달라집니다. 스스로 걸어가는 사람은 길 위에서 배움을 얻지만, 끌려가는 사람은 고통만 남게 되지요. 우리는 선택할 수 있습니다. 주어진 길을 배움으로 채우시겠어요, 고통으로 채우시겠어요? the willing과 the reluctant는 형용사의 명사화로, 각각 '기꺼이 따르는 사람들'과 '마지못해 끌려가는 사람들'을 의미합니다.

☀

What situation in your life feels unavoidable,
and how can you walk with it instead of being dragged by it?

당신의 삶에서 피할 수 없다고 느껴지는 상황은 무엇인가요?
그것에 끌려가기보다 함께 걸어가기 위해 오늘 어떤 태도를 취할 수 있을까요?

055

Happiness Lies Within

행복은 내면에 있다

Very little is needed to make a happy life;
it is all within yourself, in your way of thinking.

- Marcus Aurelius -

행복한 삶에 필요한 것은 극히 적다.
그것은 모두 당신 안에 있고, 당신이 생각하는 방식 안에 있다.

- 마르쿠스 아우렐리우스 -

very little 극히 적은 것 within yourself 당신 안에 way of thinking 생각하는 방식

Date . .

우리의 삶은 완벽함과는 거리가 있습니다. 때때로 무언가 부족하고, 예상치 못한 사건들은 끊임없이 일어납니다. 하지만 우리는 현실을 받아들이고 시선을 바꿔볼 수 있습니다. 실패는 나를 가로막는 벽이 아니라 더 단단해질 수 있는 디딤돌로 보이기 시작하고, 예상치 못한 사건도 나를 방해하는 변수가 아니라 새로운 길을 열어주는 기회로 다가옵니다. 부족함 역시 결핍이 아니라 배움을 갈망하고 새로운 것들을 받아들일 자세가 됩니다. very little은 '극히 적은 것'이라는 뜻으로, 문장에서 주어 역할을 하고 있습니다.

☀

What is one part of your life you could see differently
if you chose to change your perspective?
여러분 삶에서, 관점을 바꾼다면 새롭게 바라볼 수 있는 것은 무엇인가요?

Acceptance Opens the Door

수용하는 순간, 문이 열린다

Welcome every experience,
for even in misfortune lies the seed of advantage.

- In the spirit of Seneca -

모든 경험을 환영하라. 불운 속에도 이로움의 씨앗이 숨어 있다.

- 세네카의 철학을 담아 -

misfortune 불운, 불행 seed 씨앗 advantage 이점, 유리함

Date . .

저는 제 커리어가 무너져 내렸을 때 깊은 불행을 느꼈습니다. 그때 저는 처음으로 '절망'이라는 감정을 온몸으로 마주했습니다. 하지만 쌓아올린 모든 것이 처참히 내려앉은 그 자리에서, 저는 뜻밖의 새로운 길을 발견했습니다. 그 길에서 만난 새로운 기회들은 제 경험과 지식을 다른 사람들과 나눌 수 있는 시간을 열어주었습니다. 삶의 굴곡은 우리를 꺾으려는 것이 아니라, 더 깊은 통찰과 새로운 길로 이끄는 초대일지도 모릅니다. 그러니 우리에게 다가오는 모든 경험을 두려움보다 열린 마음으로 환영해보는 건 어떨까요? even in misfortune lies the seed of advantage는 '주어'와 '동사'의 어순이 바뀐 도치 구문으로, 본래 어순은 the seed of advantage lies even in misfortune입니다.

*

What present challenge could you see as a hidden opportunity for growth?

지금 여러분이 겪는 어려움 중, 성장을 위한 숨은 기회로 바라볼 수 있는 것은 무엇인가요?

Change Your View, Change Your Pain

관점을 바꾸면 고통도 바뀐다

If you are hurt by anything external,
it is not this thing that disturbs you,
but your judgement about it.
And it is in your power to wipe
out this judgement right now.

- Marcus Aurelius -

외부의 어떤 일로 마음이 상한다면,
당신을 괴롭히는 것은 그 일이 아니라 그 일에 대해 당신이 내린 판단이다.
그리고 그 판단은 지금 이 순간에도 당신이 지워낼 수 있다.

- 마르쿠스 아우렐리우스 -

hurt 다친, 기분이 상한 external 외부의 disturb 방해하다, 불안하게 하다 judgement 판단 wipe out 지워버리다

Date . .

우리가 느끼는 고통의 무게는 사건 그 자체가 아니라, 그것을 바라보는 해석에서 비롯됩니다. 똑같은 상황도 어떤 사람은 담담히 받아들이지만, 어떤 사람은 끝없는 고통 속에 빠지게 됩니다. 결국 우리를 괴롭히는 건 현실이 아니라, 그 현실을 바라보는 우리의 관점입니다. 고통은 언제든 다른 의미로 전환될 수 있고, 어떤 의미를 선택할지는 여러분의 선택에 달려 있습니다. 위 문장은 'If + 주어 + 현재동사' 구조로, 현실에서 실제로 일어날 수 있는 상황을 말할 때 쓰는 조건문의 형식입니다.

*

What painful situation could feel different
if you chose to change the way you see it?
여러분이 겪는 고통스러운 상황 중, 바라보는 방식을 바꾼다면 달라질 수 있는 것은 무엇인가요?

Every End Is a Transition

모든 끝은 전환이다

What is death?
It is either the end, or a transition.

- Seneca -

죽음이란 무엇인가?
그것은 끝이거나, 혹은 전환이다.

- 세네카 -

end 끝 transition 변천, 이행, 변화 death 죽음

Date . .

저는 평생 건축가로 살아가리라 믿었습니다. 하지만 예상치 못한 상황으로 건축가로서의 삶은 막을 내렸습니다. 그 끝 앞에서 절망했지만, 그 너머에는 또 다른 문이 기다리고 있었습니다. 그 문을 열자 놀랍게도 수많은 기회가 제 앞에 펼쳐졌고, 그중 하나가 바로 지금처럼 여러분과 글로 만나 이야기를 나눌 수 있는 시간입니다. 상실은 때때로 모습만 바꾼 기회입니다. 닫힌 문 뒤에는 언제나 또 다른 문이 여러분을 기다리고 있습니다. either A or B는 'A이거나 B이다'라는 뜻으로, 둘 중 하나의 선택이나 가능성을 나타낼 때 씁니다.

✳

Are you standing before a closed door in your life?
If you opened a new one, what path might unfold before you?
인생에서 닫힌 문 앞에 서 계신가요? 새로운 문을 연다면 어떤 길이 펼쳐질까요?

Flow With What Changes

변하는 것과 함께 흘러가라

Everything flows and nothing abides;
everything gives way and nothing stays fixed.

- Heraclitus -

모든 것은 흐르고 아무것도 머무르지 않는다.
모든 것은 물러나고 아무것도 고정되어 있지 않다.

- 헤라클레이토스 -

flow 흐르다 abide 머무르다, 지속되다 give way 물러나다, 양보하다 fixed 고정된, 변하지 않는

Date . .

세상은 끊임없이 흘러갑니다. 지금 여러분이 마주한 고통도, 답답한 현실도 영원히 머물지 않을 것입니다. 매일의 할 일들을 해내며 묵묵히 하루하루를 살아낸다면, 분명 시간이 여러분의 상처를 보듬고 새로운 길을 열어줄 거예요. 아무것도 멈춰 있지 않다는 사실은 불안과 두려움이 아니라 희망입니다. 지금의 어려움은 언젠가 지나가고, 다른 모습으로 변해갈 거라는 믿음을 가져보세요. 현재 시제의 반복 사용으로 '세상의 모든 것은 끊임없이 변한다'는 보편적 진리를 강조하고 있습니다.

*

What difficulty are you going through right now,
and what do you believe might be waiting at the end of it?

지금 여러분이 겪고 있는 어려움은 무엇인가요? 그 끝에는 무엇이 있을까요?

Wish Things to Be as They Are

있는 그대로 되기를 소망하라

Do not demand that things happen as you wish,
but wish them to happen as they do happen,
and you will go on well.

- Epictetus -

일이 당신 뜻대로 되기를 요구하지 말고,
다만 있는 그대로 되기를 바라라.
그러면 당신은 잘 살아갈 수 있을 것이다.

- 에픽테토스 -

as ~하는 대로, ~와 같이 demand 요구하다 go on well 잘 살아가다, 순조롭게 나아가다

Date . .

아무리 치밀하게 계획을 세워도 바꿀 수 없는 것들이 있다는 것을 알기까지 오랜 시간이 걸렸습니다. 아니, 아직도 받아들이는 중인지도 모르겠습니다. 내 뜻과 다른 상황을 수용한다는 것은 포기한다는 말이 아닙니다. 오히려 지금 주어진 조건 속에서 다른 의미와 가능성을 발견하는 것을 의미합니다. 그래서 저는 오늘도 뜻밖의 상황 속에 숨어 있는 새로운 가능성을 믿고 나아가려 합니다. as는 비교 접속사로, '~하는 대로', '~하는 방식으로(in the way that)'라는 뜻입니다. 즉, as you wish는 '당신이 바라는 대로', as they do happen은 '그 일들이 실제로 일어나는 대로'를 의미합니다.

What situation in your life could feel lighter if you stopped demanding it to be your way and simply accepted it as it is?

여러분의 삶에서, 내 뜻대로 되길 고집하기보다 있는 그대로 받아들인다면 더 가볍게 느껴질 수 있는 상황은 무엇인가요?

Dear Reader,

Getting married and becoming a parent completely transformed my life. At first, I struggled to accept those changes, consumed by anger and blaming everything around me. I missed my old self and cursed the future.

After a long time of hurting myself, I realized something crucial: I couldn't change the circumstances, only my perspective. When I stopped fighting reality and accepted the situations before me, everything shifted. I found freedom from the pain of uncontrollable moments and felt ease in a journey I once found suffocating.

I haven't mastered acceptance and am still learning. Yet, I hope that in the difficult moments to come, I can find new meaning and persevere. Dear Reader, I hope the same for all of you.

With a warm heart,

결혼을 하고 부모가 된 것은 제 삶을 송두리째 바꿔놓았습니다. 처음에는 그 변화들을 받아들이기 힘들어 분노에 사로잡혔고, 주위의 모든 것을 탓했습니다. 저는 예전의 제 모습이 그리웠고, 다가올 미래를 저주하기도 했습니다.

스스로를 오랫동안 괴롭히고 나서야 저는 중요한 사실을 하나 깨달았습니다. 상황을 바꿀 수는 없지만, 제 관점은 바꿀 수 있다는 것이었죠. 현실과 싸우기를 멈추고 눈앞의 상황들을 있는 그대로 받아들이자 모든 것이 변하기 시작했습니다. 저는 통제할 수 없는 순간들이 주던 고통에서 벗어나 자유로워졌고, 한때는 숨 막힌다고 생각했던 삶의 여정에서 편안함을 느끼게 되었습니다.

물론 제가 모든 상황을 초연하게 받아들이는 경지에 이른 것은 아니며, 여전히 배워가는 중입니다. 하지만 앞으로 다가올, 특히 받아들이기 힘겨운 순간들 속에서도 새로운 의미를 찾고 꿋꿋이 나아갈 수 있기를 바랍니다. 독자 여러분에게도 그러한 힘이 깃들기를 바랍니다.

따뜻한 마음을 담아,

Chapter
07

Mindfulness

마음챙김 (현재 순간에 머무르기)

*

Mindfulness is the art of returning to the present—
finding peace in your breath, clarity in your thoughts,
and joy in the simple gifts of each moment.

마음챙김은 현재로 돌아오는 예술입니다.
숨결에서 평화를, 생각에서 맑음을,
그리고 매 순간의 작은 선물에서 기쁨을 발견하는 길입니다.

061

Be Present in This Moment

지금 이 순간에 머물러라

True happiness is to enjoy the present,
without anxious dependence upon the future.

- Seneca -

진정한 행복이란 미래에 대한 불안한 의존 없이 현재를 즐기는 것이다.

- 세네카 -

present 있는, 존재하는; 현재 true 진정한 anxious 불안한 dependence 의존

Date . .

유독 아이에 대한 걱정이 앞서는 날, 걱정과 불안은 현재를 너머 미래의 시간들까지 갉아먹으며 저를 괴롭히곤 합니다. 그런 날엔 되도록 산책을 나갑니다. 나무 계단을 하나하나 오르내리며 조용히 발걸음에 집중하다 보면, 멀리 흩어지던 생각들이 다시 지금 이 순간, 내가 딛고 선 땅에 단단히 붙들립니다. 지금 이 순간의 행복에 마음을 모으면, 그렇게 커 보였던 걱정들이 넉넉해진 마음의 그릇 안에서 한결 작아짐을 경험할 수 있습니다. 여기서 to enjoy the present는 문장에서 보어 역할을 하여 True happiness가 무엇인지를 정의하고 있습니다.

*

For me, taking a walk restores the energy of my mind.
What is your way to keep your mind alive?

저는 산책을 하면 마음의 에너지가 회복되곤 합니다. 마음을 살아 있게 하는 여러분의 방법은 무엇인가요?

The Power of Attention

집중의 힘

The energy of the mind is the essence of life.

- In the spirit of Aristotle -

마음의 에너지는 삶의 본질이다.

- 아리스토텔레스의 철학을 담아 -

attention 주의, 집중 mind 마음, 정신 essence 본질

Date . .

마음의 에너지는 우리 삶에 의미와 방향을 부여하는 원동력입니다. 하지만 때로, 마음의 에너지는 우울과 공허함이라는 안개 속에서 희미해집니다. 그러나 이 어둠 속에서도, 마음의 에너지는 완전히 사그라들지 않습니다. 일상의 소소한 순간들, 작은 호기심, 혹은 누군가의 따뜻한 말 한마디가 그 불씨를 다시 살려낼 수 있습니다. 마음의 에너지가 다 소진된 것처럼 느껴지는 날에도, 마음 깊은 곳에는 여전히 다시 타오르기를 기다리는 작은 불씨가 있음을 잊지 마시길 바랍니다. of는 앞의 명사를 구체화해주는 역할을 합니다. 즉, the energy라는 추상적인 명사 뒤에 of the mind를 붙이면 '어떤 에너지냐면 → 마음의 에너지'처럼 의미를 구체적으로 좁혀주는 수식어 역할을 합니다.

*

How would you describe the state of your mind's energy these days?

여러분의 마음 에너지는 요즘 어떤 상태인가요?

063

A Quiet Mind Sees Clearly

고요한 마음이 똑바로 본다

Silence is a source of great strength.

- In the spirit of Lao Tzu -

침묵은 위대한 힘의 원천이다.

- 노자의 철학을 담아 -

silence 침묵 source 원천 strength 힘

Date . .

말을 쏟아낼수록 내 마음의 에너지가 소진되는 느낌을 받을 때가 많습니다. 말이 많아지다 보면 실수를 하기도 하고 후회되는 말들, 타인에게 상처가 될지도 모르는 말들이 흘러나옵니다. 침묵은 단순히 말이 없는 순간이 아니라, 생각을 맑고 깊게 가다듬는 시간입니다. 그리고 불필요한 말 대신 지켜낸 침묵은 다른 이의 마음에도 따뜻한 안식과 위로를 건넵니다. 여기서 silence는 일반적인 '침묵'을 뜻하기 때문에 관사 the를 쓰지 않습니다. 반면 the silence라고 하면 '특정한 침묵'(예: 방 안의 침묵, 어떤 순간의 침묵)을 표현합니다.

*

When was the last time you sat in silence?

마지막으로 침묵 속에 조용히 앉아 있었던 때는 언제인가요?

Observe, Don't Judge

판단하지 말고 관찰하라

The things themselves do not touch the soul...
Our perturbations come only from
the opinion which is within.

- Marcus Aurelius -

사물 그 자체는 영혼을 건드리지 않는다.
우리의 동요는 오직 우리 안에 있는 의견에서 비롯된다.

- 마르쿠스 아우렐리우스 -

thing 사물, 일, 대상 touch 만지다, 건드리다 soul 영혼 perturbation (심리적인) 동요 opinion 의견, 판단

Date . .

누군가의 말 한마디, 예상치 못한 상황이 마음을 흔들 때는 잠시 멈춰 생각해보세요. '이것이 나를 아프게 하는 걸까, 아니면 내가 이 상황에 붙인 의미가 나를 아프게 하는 걸까?' 나의 주관적인 판단을 내려놓는 순간, 여러분은 자유로워지고 내면의 평화가 스며들기 시작할 것입니다. only는 '오직', '단지'를 의미하며, 뒤에 오는 말만이 유일한 원인/대상임을 강조할 때 쓰입니다.

☀

What is one thing that made you feel upset recently?
Do you think your own thoughts might have made it feel heavier?

최근에 당신을 속상하게 만든 일은 무엇인가요?
혹시 당신의 생각이 그 마음을 더 무겁게 만들지는 않았나요?

065

Live in the Present Moment

현재 순간에 살아라

Life is very short and anxious for those who
forget the past, neglect the present, and fear the future.

- Seneca -

과거를 잊고, 현재를 소홀히 하고, 미래를 두려워하는 자에게
인생은 매우 짧고 불안하다.

- 세네카 -

anxious 불안한 neglect 소홀히 하다 present 현재

Date . .

부정적인 생각의 사이클에 갇히면 빠져나오기 쉽지 않습니다. 현재에 대한 감사와 기쁨을 알아차려야만 그 부정의 고리를 끊어낼 수 있습니다. 과거의 교훈은 마음에 간직하고, 현재를 소중히 여기며, 미래를 두려움 없이 맞이할 때 우리는 삶을 더 충만하게 살아갈 수 있습니다. 혹시 지금 부정적인 생각에 갇혀 있다면, 오늘 하루만큼은 의도적으로 감사와 기쁨을 찾아보세요. for those who forget the past…는 for people who forget the past…로 바꿔도 문법적으로 맞지만, those를 쓰면 '그런 (부류의) 사람들'이라는 보편적 느낌을 주어, 문장이 훨씬 철학적이고 단정적인 어조로 바뀝니다.

*

What gratitude and joy did you intentionally seek out today?

오늘, 여러분이 의도적으로 찾아낸 감사와 기쁨은 무엇인가요?

Look Within Yourself

자신의 내면을 들여다보라

Look well into thyself; there is a source of strength which will always spring up if thou wilt always look.

- Marcus Aurelius -

네 안을 깊이 들여다보라. 거기에는 네가 바라보기만 한다면 언제나 솟아나는 힘의 근원이 있다.

- 마르쿠스 아우렐리우스 -

source 원천, 근원 strength 힘 spring up 갑자기 생기다, 불쑥 나타나다, 솟아나다

Date . .

우리는 누군가가 내 문제에 대한 해답을 가지고 있으리라 생각합니다. 누군가의 격려, 상황의 호전, 새로운 기회를 통해 나아갈 용기를 얻으려 하죠. 하지만 진짜 힘은 언제나 내 안에서 솟아납니다. 그 힘은 고요히 숨어 있다가도, 내가 마음을 다해 나 자신을 들여다보는 순간 다시 샘솟습니다. 그 힘은 고갈되지 않고, 바라볼 때마다 다시 살아납니다. 여기서 thyself, thou, wilt는 고어(古語)로, 각각 thyself는 yourself, thou는 you, wilt는 will을 의미합니다. 위 문장을 현대 영어로 변환하면 Look closely into yourself; there is a source of strength which will always spring up if you keep looking.으로 표현할 수 있습니다.

*

Decide on a place and time to look inside yourself. Where and when will it be?

마음을 들여다보는 장소와 시간을 정해보세요. 어디에서, 언제 하실 건가요?

Retreat Into Yourself

스스로에게로 돌아가라

Withdraw into yourself, as far as you can.
Spend time with those who will improve you,
and welcome those whom you yourself can improve.

- Seneca -

될 수 있는 한 깊이 자신 속으로 물러나라.
너를 성장시켜줄 이들과 시간을 보내고,
네가 성장시킬 수 있는 이들을 기꺼이 맞이하라.

- 세네카 -

withdraw 물러나다, 떠나다 improve 개선하다, 나아지게 하다 welcome 맞이하다, 환영하다

Date . .

우리는 종종 남들의 기대와 목소리에 휘둘려 정작 내 마음의 소리를 듣지 못합니다. 세네카는 먼저 자기 안으로 물러나라고 말합니다. 고요 속에서 마음을 돌아볼 때 비로소 내가 누구인지, 무엇을 원하는지 선명해집니다. 내 안을 다스린 후에야 나를 성장시키는 이들을 맞이하고 함께할 수 있습니다. 또 이러한 과정을 통해 내가 누군가에게 도움이 될 수 있다는 사실도 잊지 말아야 합니다. 내 마음을 돌보는 일은 나를 정돈하고, 더 나은 관계와 삶으로 나아가는 출발점입니다. 여기서 as far as you can은 정도(extent)를 나타내는 표현으로, '네가 할 수 있는 한'이라는 뜻입니다.

*

When did you last take time to look inside yourself?

여러분은 마지막으로 언제 스스로를 돌아보는 시간을 가졌나요?

Harmony Within

내면의 조화

He who lives in harmony with himself
lives in harmony with the universe.

- Marcus Aurelius -

자기 자신과 조화를 이루는 사람은 우주와도 조화를 이룬다.

- 마르쿠스 아우렐리우스 -

harmony 조화 within ~ 안에서 universe 우주

Date . .

마음챙김은 나를 바꾸려 애쓰기보다, 먼저 있는 그대로 바라보고 품는 연습입니다. 내 약점과 두려움, 부족함을 인정할 때 마음은 조화를 되찾습니다. 나와의 화해가 이루어지는 순간, 놀랍게도 세상 또한 조금은 더 부드럽고 따뜻하게 다가옵니다. 내가 나를 보듬을 때, 세상도 나를 안아줍니다.
이 문장은 He가 문장의 주어, 두 번째 lives가 문장의 본동사입니다. 앞부분 who lives in harmony with himself의 lives는 관계절 안의 동사이고, 두 번째 lives in harmony with the universe의 lives는 본동사로, 'He(주어) + who lives…(주어를 수식) + lives(본동사)…'의 구조입니다.

*

What part of yourself do you often fight with,
and how could you make peace with it?
여러분은 어떤 부분 때문에 스스로와 싸움을 벌이곤 하나요? 어떻게 화해할 수 있을까요?

069

Live Each Day Fully

하루하루를 온전히 살아라

Begin at once to live,
and count each separate day as a separate life.

- Seneca -

지체하지 말고 지금 당장 살아라. 그리고 하루하루를 각각 하나의 삶으로 여겨라.

- 세네카 -

at once 즉시, 곧바로 count 여기다, 세다 separate 각각의, 분리된

Date . .

저는 미래에 대한 걱정과 불안이 많은 편입니다. 아직 일어나지 않은 일들을 미리 떠올리며 스스로 마음을 무겁게 할 때가 많죠. 하지만 하루를 온전히 살아내겠다고 마음을 돌리면, 불안이 끼어들 틈이 없는 바쁜 일상이 됩니다. 거창한 목표를 앞세울 때 삶은 막연해지지만, 눈앞의 일상을 충실히 살아낼 때 온전한 하루라는 삶이 완성됩니다. 그리고 이 하루들은 내 삶의 증거가 되어줍니다. count A as B(A를 B로 여기다) 구문을 사용하여 '하루하루를 하나의 삶으로 여겨라'라는 조언을 표현합니다.

☀

How can you live today as if it is a whole new life?

오늘 하루를 온전히 새로운 삶처럼 살아내기 위해 여러분은 무엇을 할 수 있을까요?

Treat Every Moment Like Your Last

모든 순간을 마지막처럼 대하라

Do every act of your life as though it were the very last act of your life.

\- Marcus Aurelius -

삶의 모든 행동을 마치 그것이 삶의 마지막 행동인 것처럼 하라.

\- 마르쿠스 아우렐리우스 -

act 행동, 행위 as though 마치 ~인 것처럼(가정·비유를 나타낼 때) the very last 정말 마지막의, 단 하나 남은

Date . .

우리는 종종 "나중에 할게"라며 순간을 흘려보냅니다. 하지만 지금 이 순간은 다시 오지 않습니다. 마지막인 것처럼 집중한다는 것은 거창한 일을 하라는 말이 아닙니다. 그저 매일 주어진 일을 담담하게 이어가고, 삶의 작은 순간들을 기분 좋게 느끼며, 내 마음을 돌보는 것일 뿐입니다. 과거의 후회나 미래의 걱정에 휘둘리지 않고 지금 이 순간에 진심을 담을 때, 평범했던 일상은 삶이라는 긴 선 위에서 의미 있는 점으로 반짝이게 됩니다. 'as though + 가정법 과거'는 '마치 ~인 것처럼'이라는 비현실적 가정을 나타내며, were를 모든 인칭에 사용해 현재와 다른 상황을 표현합니다.

✳

What would change if you lived today as if it were your last?

오늘이 마지막 날인 것처럼 산다면, 여러분의 하루는 어떻게 달라질까요?

Dear Reader,

Unlike the past when I only had to take care of myself, the roles I've been given as an adult sometimes felt overwhelming. Growing up as the "good child" who was praised, I believed I had to live up to every expectation and fulfill every role perfectly. But it was only after I broke down that I realized such perfection was impossible.

Through mindfulness, I came to understand that it is the practice of embracing my imperfect self as I am, holding myself with warmth, and finding the strength to step back into the world with confidence. I also learned to let go of past regrets and future fears, and to live each day fully in the present.

This journey is mine alone. It is the daily work of sincerely looking into my own heart. What truly surprised me was this: once I began to hold myself with compassion, I also found the strength to reach out to others with warmth.

So, did you practice mindfulness today?

With kindness and solidarity,

나 하나만 건사하면 되었던 과거와는 달리, 어른이 되며 제게 부여된 역할들이 때때로 버거웠습니다. 착한 아이, 칭찬받는 아이로 자란 저는 모든 기대와 역할을 완벽히 해내야 한다고 믿었습니다. 하지만 그건 불가능한 일이라는 사실을 스스로 무너지고 나서야 깨달았습니다.

마음챙김은 완벽하지 않은 나를 있는 그대로 받아들이고, 따뜻하게 보듬으며, 다시 세상 속으로 당당히 걸어갈 힘을 주는 과정임을 알게 되었습니다. 그러기 위해서는 과거의 후회나 미래의 불안에 얽매이지 않고 오늘 하루를 온전히 살아내야 한다는 사실도 알게 되었고요.

이 여정은 누가 대신해줄 수 없는, 나 스스로 매일 정성을 다해 마음을 들여다보는 시간입니다. 정말 놀라웠던 것은 나를 보듬기 시작하니, 다른 이들에게도 따뜻한 손길을 내밀 힘이 생겼다는 점입니다.

오늘, 여러분들은 마음챙김 하셨나요?

다정함과 연대를 담아,

Chapter
08

Inner Strength

내면의 힘

*

With inner strength,
every setback becomes a step forward.

내면의 힘으로, 모든 좌절은 앞으로 나아가는 발걸음이 됩니다.

071

Get up Every Time You Fall

쓰러질 때마다 다시 일어나라

Our greatest glory is not in never falling,
but in rising every time we fall.

- In the spirit of Confucius -

가장 큰 영광은 결코 넘어지지 않는 데 있는 것이 아니라,
넘어질 때마다 다시 일어나는 데 있다.

- 공자의 철학을 담아 -

fall 떨어지다, 넘어지다 glory 영광 rise 올라가다, 일어나다

Date . .

자전거를 처음 배울 때를 기억하시나요? 수없이 넘어지고 무릎이 까지기도 했지만, 다시 일어나 페달을 밟았습니다. 만약 넘어진 그 순간마다 일어서지 않았다면, 시원한 바람을 가르며 달리는 기쁨을 결코 알지 못했을 것입니다. 넘어지고 다시 일어나는 과정을 통해서만 균형을 잡고 앞으로 나아가는 법을 배울 수 있습니다. 삶도 그렇습니다. 우리는 넘어지지만, 다시 일어서는 순간마다 강하고 지혜로워집니다. 정말 중요한 것은 결코 넘어지지 않는 것이 아니라, 넘어질 때마다 다시 일어나는 힘입니다. in은 전치사로, 뒤에 동명사가 나오면서 '~라는 상태·행위 안에 있다'는 의미를 나타냅니다. 또한 not in A, but in B 구조는 동일한 'in + 동명사'를 병렬로 배치해 대조를 강조합니다.

⁕

Have you failed at something recently? What helped you get back up?

최근에 실패한 적이 있나요? 여러분이 다시 일어날 수 있었던 방법은 무엇인가요?

Trained for Hardship

고난을 위해 단련된 사람

What ought one to say then as each hardship comes?
"I was practicing for this, I was training for this."

\- Epictetus -

그렇다면 고난이 닥칠 때마다 뭐라고 말해야 할까?
"나는 바로 이것을 위해 연습하고 훈련해왔다."

\- 에픽테토스 -

train 훈련하다 hardship 고난 practice 연습하다

Date . .

우리는 고난을 흔히 예상치 못한 불운으로만 여깁니다. 하지만 눈앞의 어려움은 우리를 무너뜨리려는 적이 아니라, 지금까지의 연습과 훈련을 시험하는 무대일 수 있습니다. 힘든 순간이 닥칠 때 이렇게 말해보세요. "이건 내가 준비해온 바로 그 순간이야." 그 마음가짐 하나만으로도 게임의 주도권을 나에게 가져올 수 있습니다. 두려움은 용기로, 절망은 성장을 위한 디딤돌로 바꾸면서 말이죠. 'ought to + 동사원형'은 '~해야 한다'라는 도덕적 의무를 나타냅니다. 여기서 What ought one to say는 What should one say?의 격식 있는 표현으로 '무엇을 말해야 할까?'란 의미입니다.

✳

What hardship are you facing now, and how could it be the training ground for your growth?

여러분이 지금 마주한 고난은 무엇이며, 그것이 어떻게 성장을 위한 훈련의 장이 될 수 있을까요?

Choose Not to Be Harmed

해를 입지 않기를 선택하라

Choose not to be harmed—and you won't feel harmed.
Don't feel harmed—and you haven't been.

- Marcus Aurelius -

해를 입지 않겠다고 선택하라. 그러면 해를 입었다고 느끼지 않을 것이다.
해를 입지 않았다고 느껴라. 그러면 너는 실제로 해를 입지 않은 것이다.

- 마르쿠스 아우렐리우스 -

harm 해치다

Date . .

누군가의 말이나 행동이 나를 아프게 할지 말지는 결국 내 선택에 달려 있습니다. 남이 던진 쓰레기를 내가 받으면 나는 쓰레기통이 되지만, 받지 않으면 그만입니다. 내 마음을 지키기로 선택하는 순간, 그것은 더 이상 나에게 생채기를 낼 수 없습니다. 내 안의 평화는 외부의 손에 달린 것이 아니라, 언제나 내 손에 달려 있기 때문입니다. 'feel + 과거분사(p.p.)'는 '~한 상태라고 느끼다'라는 의미로, 수동적인 감정이나 경험을 표현하는 구조입니다. Ex. feel loved(사랑받는다고 느끼다), feel respected(존중받는다고 느끼다), feel harmed(해를 입었다고 느끼다)

*

What helps you stay calm when someone's words hurt you?

누군가의 말이 마음을 아프게 할 때, 여러분은 무엇으로 마음을 가라앉히나요?

074

Stand Like a Cliff

절벽처럼 굳건히 서라

Be like the cliff against which the waves
continually break; but it stands firm
and tames the fury of the water around it.

- Marcus Aurelius -

파도가 끊임없이 부딪히더라도 굳건히 서서
물결의 분노를 가라앉히는 절벽과 같으라.

- 마르쿠스 아우렐리우스 -

cliff 절벽 break 부딪히다, 깨지다 stand firm 굳건히 서다 fury 격노, 분노

Date . .

삶에는 거센 파도가 끊임없이 몰려옵니다. 불안, 두려움, 예기치 못한 사건들이 우리의 마음을 흔듭니다. 그럴 때마다 저는 요동치는 파도 앞에서도 굳건히 서서, 오히려 그 격랑을 잠재우는 절벽을 떠올려봅니다. 상상해보세요. 거센 파도에도 흔들림 없이 파도를 내려다보며 우뚝 서 있는 여러분의 모습을요. Be like…는 '~처럼 되라'라는 뜻으로, like가 전치사이기 때문에 뒤에는 명사가 옵니다. stand firm은 'stand(자동사) + firm(형용사)'으로 '굳건히 서 있다'란 뜻입니다.

⁕

What waves in your life are testing your strength these days?
And how can you stand firm like a cliff against them?

요즘 여러분의 힘을 시험하는 인생의 파도는 무엇인가요?
그 파도 앞에서 어떻게 절벽처럼 굳건히 설 수 있을까요?

075

Beyond Trivial Desires

하찮은 욕망을 넘어

How trivial the things we want,
and how soon we are forgotten.

- Marcus Aurelius -

우리가 바라는 것들이 얼마나 하찮은지,
그리고 우리가 얼마나 빨리 잊히는지를 생각해보라.

- 마르쿠스 아우렐리우스 -

trivial 사소한, 하찮은 desire 욕망, 바람 forgotten 잊혀진

Date . .

SNS에 끝없이 올라오는 멋진 여행 사진과 값비싼 제품들, 유명인들의 화려한 삶을 들여다보다 보면 내가 한없이 초라해 보이기도 합니다. 하지만 진정한 평안은 외부의 화려함을 좇을 때 얻을 수 있지 않고, 스스로를 지켜내는 힘을 가지고 살아낸 온전한 삶에서 얻게 됩니다. 내면의 힘이란, 이런 순간의 욕망이 만들어내는 '착각'을 알아차리는 것에서 시작합니다. 오늘 하루, SNS를 멈추고 내가 흘려보내야 할 욕망은 무엇인지, 그리고 정말로 내 삶을 지탱하는 것은 무엇인지 조용히 스스로에게 물어보세요. 위 문장은 'How + 형용사' 감탄문으로, '얼마나 ~한지'를 강조하고 있습니다.

*

What recent desire has caught your attention?
Do you think this desire is leading your life in a better direction?
최근 여러분의 주의를 끈 욕망은 무엇인가요? 그 욕망은 여러분의 삶을 더 나은 방향으로 이끌고 있나요?

The Color of the Mind

마음의 색

The soul becomes dyed with the color of its thoughts.

- Marcus Aurelius -

영혼은 그가 가진 생각의 색으로 물든다.

- 마르쿠스 아우렐리우스 -

dye 염색하다 thought 생각

Date . .

처음 태어날 때의 영혼은 마치 넓고 흠 없는 캔버스와 같습니다. 우리가 품는 모든 생각, 감정, 믿음은 이 캔버스 위에 그려지는 붓질입니다. 매일, 우리는 어떤 색을 칠할지 선택할 수 있습니다. 여러분은 분노와 두려움으로 인생의 캔버스를 채우시겠습니까? 아니면 감사와 기쁨으로 채우시겠습니까? 그 선택은 우리의 영혼을 물들이고, 우리가 어떤 삶을 그려갈 것인지 결정합니다. 여기서 color가 단수인 이유는 생각들의 색깔 하나하나가 아니라, 전체적으로 형성된 마음의 빛깔(상태)을 말하기 때문입니다. 반면 thoughts는 다양한 생각들을 표현하기 때문에 복수입니다.

✳

If you were to express the thoughts filling your mind today as a color, what color would it be?

오늘 당신의 마음에 채워진 생각을 색깔로 표현한다면, 어떤 색인가요?

077

Freedom

자유로움

No man is free who is not a master of himself.

- Epictetus -

자기 자신을 다스릴 수 없는 사람은 자유롭지 않다.

- 에픽테토스 -

free 자유로운, 통제받지 않는 master 주인, 지배자, 통제하는 사람

Date . .

‘시간이 많아지면, 돈이 많아지면, 조건이 갖춰지면 참 자유로울 텐데’라고 생각하기 쉽지만, 진정한 자유는 그렇지 않습니다. 진정한 자유는 외부에서 오는 게 아니라, 내 안에서 나를 잘 다스릴 때 찾아오기 때문입니다. 뜻밖의 상황을 만나 어려움을 겪더라도 나의 방향을 잃지 않고 조용히 걸어갈 수 있는 내면의 힘을 가지고 있다면, 그것이야말로 주체적인 삶을 살아가는 진정한 자유가 아닐까요? 의미상 No man who is not a master of himself is free.와 동일하며, No man is free를 앞에 두는 어순의 변화를 통해 의미를 강조하는 문체입니다.

✳

Are you truly the master of yourself?
In which moments do you succeed, and in which do you fail?
여러분은 스스로를 정말 잘 다스릴 수 있나요? 언제 잘 해내고, 언제는 그렇지 못한가요?

078

Stronger Through Struggles

시련을 통해 더 강해짐

That which does not kill us makes us stronger.

- Nietzsche -

우리를 죽이지 못하는 것은 우리를 더 강하게 만든다.

- 니체 -

stronger 더 강한 kill 죽이다

Date . .

누구에게나 버티기 힘든 시간이 찾아옵니다. 모든 게 무너진 것 같고, 다시는 일어설 수 없을 것 같은 순간이 있지요. 하지만 그 시간을 끝내 견뎌내고 나면, 우리는 이전과는 다른 사람이 되어 있습니다. 상처는 아픔의 흔적을 남기지만, 동시에 삶에 대한 더 깊은 이해와 살아낼 단단한 힘을 새겨넣어 주기 때문입니다. That which does not kill us는 'that + which절' 구조로 이 전체가 주어 역할을 하며, '우리에게 치명적이지 않은 것'이란 뜻입니다. makes us stronger는 '사역동사 make + 목적어 + 형용사'로, '(주어가) 우리를 더 강하게 만든다'란 의미입니다.

✳

What is one thing you learned from a tough experience in your life?

삶에서 겪은 힘든 경험에서 배운 한 가지는 무엇인가요?

Free Yourself From Imagined Troubles

상상 속 괴로움에서 자유로워져라

You have the power to strip away many superfluous troubles, for they exist wholly in your imagination.

- Marcus Aurelius -

당신은 많은 불필요한 고통을 없앨 힘을 지니고 있다.
왜냐하면 그것들은 전적으로 당신의 상상 속에 존재하기 때문이다.

- 마르쿠스 아우렐리우스 -

strip away 벗겨내다, 없애다 superfluous 불필요한 wholly 전적으로, 완전히 imagination 상상

Date . .

우리를 짓누르는 두려움과 불안의 대부분은 실제보다 상상 속에서 커져 있는 것들입니다. 그림자 같은 걱정이 마음에 짙게 드리우면 스스로 약해졌다고 느끼지만, 사실은 그렇지 않습니다. 내 안에는 언제든 그 그림자를 걷어낼 힘이 있고, 고요한 중심을 세울 수 있는 힘이 있습니다. 내면의 힘은 삶의 폭풍을 견뎌내는 깊은 뿌리와도 같습니다. 그 뿌리를 믿고 붙잡을 때, 우리는 어떤 흔들림 속에서도 다시 일어나 성장할 수 있습니다. for는 문어체 및 고전 영어에서 이유 접속사(because)로 쓰여 '왜냐하면'의 의미를 나타냅니다.

*

What imagined fears or troubles could you strip away today to feel lighter inside?

오늘 여러분이 마음을 가볍게 하기 위해 벗어던질 수 있는 상상의 두려움이나 걱정은 무엇인가요?

The Anchor of the Mind

마음의 닻

The wise man is not shaken by fortune,
nor moved by storms.

- Seneca -

현자는 운명에 흔들리지 않고, 폭풍에도 요동치지 않는다.

- 세네카 -

wise 지혜로운 shaken 흔들린 fortune 운명, 행운

Date . .

눈앞에 펼쳐지는 혼란들이 나를 완전히 삼켜버리지 않도록, 내면을 더 굳건히 해야 한다고 매일 밤 다짐하지만 쉽지 않았습니다. 아직도 참 어렵습니다. 하지만 한 가지는 분명히 알게 되었습니다. 내가 흔들리거나 요동치지 않기 위해 필요한 것은 '내면의 힘'이라는 것을요. 그 힘이 내 안에 있다는 것을 아는 것만으로도 나는 무너지지 않을 것입니다. nor는 '그리고 ~도 아니다'라는 뜻의 부정 연결사로, neither … nor ~ 또는 nor만 단독으로 부정문과 함께 쓰이기도 합니다. The wise man is neither shaken by fortune, nor moved by storms.로도 쓸 수 있지만, nor만 단독으로 사용시 이전 부정문에 이어 추가 부정을 연결할 때 사용할 수 있습니다.

*

When unexpected chaos strikes, what actions do you take to protect your calm?
예상치 못한 혼란이 닥칠 때, 여러분은 마음의 평정을 지키기 위해 어떤 행동을 하시나요?

Dear Reader,

When my career collapsed unexpectedly, I spent some time blaming the situation and fearing what others thought. It was the first real uncertainty I had ever faced.

Then one day, I realized an important truth: other people's opinions would never make my life better. From that moment on, I chose to focus on myself. I began to practice making my mind steadier and more positive.

As courage slowly grew within me, new opportunities began to appear. It was not the world that had changed—it was me.

You can do this too. You don't need to start big; start small. Believe in yourself, take one step at a time, and you will see hope shining more brightly ahead. The strength to light up that hope is already within you.

With grace and gratitude,

예상치 못하게 커리어가 무너졌을 때, 저는 한동안 상황을 탓하며 사람들의 평가를 두려워했습니다. 처음 맞닥뜨린 진정한 불확실성 앞에서 방향을 잃은 듯했지요.

그러던 어느 날, 중요한 사실을 깨달았습니다. 타인의 의견은 제 삶을 더 나아지게 만들어주지 않는다는 것을요. 그때부터 저는 제 자신에게 집중하기로 했습니다. 마음을 단단하게 세우고 긍정적으로 바라보는 연습을 시작했습니다.

조금씩 용기가 생겨나자, 새로운 기회들이 나타나기 시작했습니다. 세상이 달라진 것이 아니라, 제가 달라졌기 때문이었습니다.

여러분도 할 수 있습니다. 거창할 필요 없이 작은 것부터 시작해보세요. 스스로를 믿고, 한 걸음씩 내딛는 그 과정 속에서 미래의 희망은 조금씩 밝아질 것입니다. 그리고 그 희망을 빛나게 만드는 힘은 이미 여러분 안에 있습니다.

은혜와 감사를 담아,

Chapter
09

Humility

겸손

※

Humility is the quiet soil in which wisdom takes root.

겸손은 지혜가 뿌리내리는 고요한 흙입니다.

081

Know Your Ignorance

자신의 무지를 알라

I know that I know nothing.

- In the spirit of Socrates -

나는 내가 아무것도 모른다는 것을 안다.

- 소크라테스의 철학을 담아 -

ignorance 무지 know nothing 아무것도 모르다

Date . .

무언가를 알아갈수록, 배워야 할 것이 여전히 많다는 사실을 깨닫습니다. 그 깨달음은 우리를 교만이 아니라 겸손으로 이끕니다. 겸손은 자신을 낮추는 것이 아니라, 열린 마음으로 배우려는 태도에 가깝습니다. 기꺼이 배우려는 마음으로 하루하루를 살아갈 때, 생각지도 못했던 또 다른 가능성과 만날 수 있습니다. 위 문장에는 I know가 두 번 나오는데, 첫 번째 I know의 동사 know가 두 번째 I know를 포함한 that I know nothing(내가 아무것도 모른다는 것) 전체를 목적어로 받습니다.

*

In what area of your life do you want to keep growing, no matter your age?

나이에 상관없이 계속 성장하고 싶은 삶의 영역은 무엇인가요?

The Courage to Look Foolish

어리석어 보일 용기

If you wish to improve, be content to be thought foolish and stupid.

- Epictetus -

성장하고 싶다면, 어리석고 멍청하다는 평을 기꺼이 받아들여라.

- 에픽테토스 -

courage 용기 foolish 어리석은 content 만족하는, 기꺼이 ~하려 하는

Date . .

누군가가 "네가 틀렸어"라고 말하는 순간, 제 심장은 늘 철렁 내려앉곤 했습니다. 그러면서도 속으로는 상대방의 조언이 오히려 틀렸다고 생각하며 마음에 벽을 쌓아버렸지요. 돌이켜보니 타인의 시선과 평가가 두려워, 배움의 기회를 스스로 닫아버린 것이었습니다. 진정한 겸손은 내 부족함을 드러낼 용기를 내는 것임을, 수많은 기회를 놓치고 나서야 비로소 깨달았습니다. If you wish to improve는 '성장하길 원한다면'이라는 조건절이고, be content to be thought foolish and stupid는 '어리석고 멍청하다고 여겨지는 것에 만족하라'는 뜻의 명령문입니다.

⁕

What part of yourself are you afraid might look foolish?
Is that fear keeping you from new learning?
여러분은 어떤 부분이 어리석어 보일까 두렵나요? 그 두려움이 새로운 배움을 가로막고 있지는 않나요?

083

Within Human Reach

인간의 범위 안에 있는 것

Do not imagine that if something is hard for
you to accomplish, it is impossible for man.
But if it is humanly possible, you must conclude that
it is within your own reach.

- Marcus Aurelius -

너에게 어렵다고 해서 그것이 인간에게 불가능한 일이라고 생각하지 말라.
그러나 인간적으로 가능한 일이라면,
너 역시 그것에 닿을 수 있다고 믿어야 한다.

- 마르쿠스 아우렐리우스 -

within reach 손이 닿는, 성취 가능한 accomplish 이루다, 성취하다 humanly possible 인간적으로 가능한
conclude 결론을 내리다, 판단하다

Date . .

겸손은 어려운 과제 앞에서 체념하는 마음이 아닙니다. 차분히 주어진 일을 바라보고, 그 안에서 배우며 도전을 이어가려는 태도입니다. 어려움에 부딪혔다면, 누군가 이미 그 길을 걸어갔다는 사실을 떠올려보세요. 그 순간, 나 역시도 그 길을 걸어나갈 수 있다는 용기를 얻을 수 있게 될 것입니다. Do not imagine that…에서는 that절이 동사 imagine의 목적어로 쓰였으며, 내부에 if절(조건절)이 포함되어 있습니다. 즉, '어떤 일이 네게 어렵다고 해서, 그것이 인간에게 불가능하다고 생각하지 말라'는 뜻입니다.

*

What is one challenge that feels beyond you now, but could be possible
if you approach it with patience and humility?

지금은 벅차 보이지만, 인내와 겸손으로 다가가면 가능할 수 있는 도전은 무엇인가요?

084

Learn Willingly

기꺼이 배우라

It is impossible for a man to learn what he thinks he already knows.

- Epictetus -

이미 안다고 생각하는 것을 배우는 것은 불가능하다.

- 에픽테토스 -

willingly 기꺼이 impossible 불가능한 already 이미

Date . .

배움을 가로막는 가장 큰 장벽은 '나는 이미 알고 있다'는 생각입니다. 이미 알고 있다고, 익숙하다고 믿는 지식이나 경험에 갇힐 때, 새로운 배움의 가능성은 사라져버립니다. 진정한 배움은 '내가 모르는 것일지도 모른다'는 인정과, '새로운 가치를 발견할 수 있을 것이다'라는 호기심에서 시작됩니다. 익숙한 일상 속 한 가지를 처음 배우는 마음으로 질문하고 탐구해보세요. 겸손한 마음으로 열린 태도를 갖는다면, 더 깊은 깨달음과 놀라운 성장이 여러분을 기다리고 있을 것입니다. 위 문장에서 It은 가주어이고, for a man to learn what he thinks he already knows가 진짜 주어입니다.

*

Have you ever missed learning because you thought you already knew?

여러분은 이미 안다고 생각해서 더 배우지 못했던 경험이 있나요?

Humility, the Root of Lasting Strength

겸손, 지속되는 힘의 뿌리

The greater the power, the more need to show humility.
For without humility, power becomes pride,
and pride soon becomes ruin.

- In the spirit of Cicero -

힘이 클수록, 겸손을 더 보여줄 필요가 있다.
겸손이 없다면 힘은 교만으로 변하고,
교만은 곧 파멸로 이어지기 때문이다.

- 키케로의 철학을 담아 -

humility 겸손 pride 자부심, 교만 ruin 파멸

Date . .

살다 보면 어느새 나에게도 누군가에게 영향을 줄 수 있는 힘이 생깁니다. 가정에서든 일터에서든, 경험이 쌓일수록 자연스레 힘이 따라오지요. 그럴수록 자신을 낮추는 일이 더욱 중요해지는 것 같습니다. 겸손은 나와 타인을 더 가깝게 이어주면서 내 삶의 지평을 넓혀주기 때문입니다. 이 문장은 상관 비교 구문(The + 비교급, the + 비교급)의 대표적인 예입니다. The greater the power, the more need to show humility는 '권력이 클수록, 겸손을 보여야 할 필요도 커진다'란 뜻입니다.

☀

Have you ever learned something new from others, even when you had more experience? What was the new lesson you discovered?

여러분이 더 많은 경험을 가지고 있었음에도 불구하고, 다른 이들에게서 무언가를 배운 적이 있나요?
그때 여러분은 무엇을 새롭게 배웠나요?

086

Grow Through Others

타인을 통해 성장하라

Be slow to speak, and only of what you surely know.

- In the spirit of Epictetus -

말은 더디게 하고, 확실히 아는 것만 말하라.

- 에픽테토스의 철학을 담아 -

slow to ~하는 데 신중한, 쉽게 ~하지 않는 surely 확실히

Date . .

우리는 때로 아는 것보다 더 많은 말을 하려 하곤 합니다. 말을 해야 스스로를 높일 수 있다는 생각 때문입니다. 하지만 그럴수록 실수하고 오해가 생기며 오히려 나는 깎아내려집니다. 말을 서두르기보다 먼저 다른 사람의 말에 귀를 기울여보세요. 잠시 멈추어 듣는 연습을 해보는 거예요. 내가 품었던 생각이 깊어질 뿐만 아니라 새로운 지혜가 여러분 안에 스며들기 시작할 것입니다. 여기서 of는 바로 speak of(~에 대해 말하다)의 전치사 of입니다. 즉, only of what you surely know는 speak와 연결되어 '네가 확실히 아는 것에 대해서만 말하라'라는 의미를 완성합니다.

⁕

When was the last time you stayed quiet and learned more by listening?

최근에 침묵하고 귀를 기울임으로써 더 많이 배운 순간은 언제였나요?

Let Your Life Show

삶으로 보여주어라

It is shameful to parade one's training; let it be seen in your body, your character, and your endurance.

- Musonius Rufus -

훈련한 것을 과시하는 것은 부끄러운 일이다.
그것은 네 몸과 성품, 그리고 인내 속에서 드러나야 한다.

- 무소니우스 루푸스 -

shameful 수치스러운, 창피한 parade 과시하다 training 훈련, 수련 character 성품, 인격 endurance 인내

Date . .

내가 얼마나 노력했는지는 말로 드러나는 것이 아니라, 삶 속에서 조용히 증명되는 것입니다. 훈련의 가치는 그것을 과시하는 데 있지 않고, 단련된 몸, 깊어진 성품, 그리고 흔들림 없는 인내 속에서 자연스레 드러납니다. 진정한 힘은 소리 없이 쌓이며, 겸손한 마음으로 묵묵히 실천할 때 숨길 수 없는 빛으로 드러나게 되기 때문입니다. 조용하지만 분명하게 증명하는 삶, 그것이 바로 겸손입니다. let it be seen…은 명령문으로, '~이 보여지게 하라(드러나게 하라)'는 의미입니다.

☀

What part of your life do you want to let speak for itself, without words?

말이 아니라 삶으로 조용히 증명하고 싶은 부분은 무엇인가요?

088

Where Humility Meets Growth

겸손과 성장이 만나는 곳

Receive wealth or prosperity without arrogance;
and be ready to let it go.

- Marcus Aurelius -

부나 성공을 오만함 없이 받아들이고, 필요하다면 기꺼이 내려놓을 준비를 하라.

- 마르쿠스 아우렐리우스 -

receive 받다, 받아들이다 wealth 부, 재산 prosperity 번영, 풍요로움 arrogance 거만함, 오만

Date . .

겸손은 자신을 낮추는 것이 아니라, 있는 그대로의 크기로 바라보는 힘입니다. 내가 가진 모든 것은 나의 노력도 있지만 우연과 타인의 손길이 함께 얽힌 결과일 뿐이고 언제든 떠날 수 있다는 사실을 기억하면, 성공에도 교만하지 않고 실패에도 낙담하지 않을 것입니다. 오늘 하루, 가진 것들에 조용히 감사하며 스스로에게 "나는 이 모든 것을 누릴 자격이 있지만, 여기에 얽매이지는 않겠다."라고 속삭여보세요. 'be ready to + 동사원형'은 '~할 준비가 되어 있다'라는 뜻으로, 위 문장에서는 '~할 준비를 하라'라는 명령문으로 조언의 어조로 쓰였습니다.

*

Who helped you get what you have now?
Do you remember them when you feel proud?
지금 가진 것을 얻게 도와준 사람은 누구인가요? 자랑스러울 때 그들을 떠올리나요?

089

Empty Pride Wastes Life

인생을 낭비하는 공허한 자부심

It is not that we have a short time to live,
but that we waste much of it.

- Seneca -

우리가 살 시간이 짧은 것이 아니라,
그 시간의 많은 부분을 허비하기 때문이다.

- 세네카 -

empty 공허한, 무의미한 pride 교만 waste 낭비하다

Date . .

인스타그램에 하루에도 몇 개씩 피드를 올리던 시절이 있었습니다. 겉으로는 "그냥 내 일상을 기록하는 거야"라고 말했지만, '나 오늘 이렇게 멋지다!'라는 과시 그 이상도 이하도 아니었습니다. 물질의 과시뿐 아니라 겸손에 대한 과시 역시 있었음을 고백합니다. 하지만 과시는 내 본질을 들여다보고 그것을 다져나갈 소중한 시간을 앗아갑니다. 진정한 삶은 남에게 보여주기 위해 꾸미는 것이 아니라, 조용히 나를 채워가는 데서 비롯됩니다. 위 문장의 It is not that A but that B는 '사실 관계'나 '이유'를 설명할 때 쓰는 표현으로, 'A가 아니라 오히려 B가 진짜 원인이다'라는 의미입니다.

*

What part of your life feels wasted on pride or display,
and how can you redirect it to something more meaningful?

여러분의 삶에서 교만이나 과시로 낭비된 부분은 무엇이며, 어떻게 하면 그것을 더 의미 있는 곳으로 돌릴 수 있을까요?

The Beginning of Philosophy

철학의 시작

If anyone tells you that you know nothing,
and you are not angered, then you have begun
the work of philosophy.

- Epictetus -

누군가가 당신에게 "너는 아무것도 모른다"고 말하는데 화가 나지 않는다면,
비로소 철학을 시작한 것이다.

- 에픽테토스 -

angered 화가 난 the work of philosophy 철학의 과업

Date . .

우리는 흔히 "넌 아무것도 모른다"는 말을 들으면 자존심이 상합니다. 하지만 그 순간 화내지 않고 받아들일 수 있다면, 이미 내 안에 겸손이 자리하여 내 성장을 뒷받침할 준비가 되어 있는 것입니다. 겸손은 나를 낮추는 것이 아니라, 내가 다 알지 못한다는 사실을 인정하는 태도입니다. 바로 그 인식에서 배움이 시작되고, 철학이 열리며, 성장이 가능해집니다. 겸손은 결국 '나는 아직 배우는 존재다'라는 고백이자, 더 나은 나로 나아가는 출발점입니다. 위 문장은 if절 안에 두 가지 조건이 and로 나열되어 있습니다. '누군가 네게 네가 아무것도 모른다고 말할 때'와 '그 말에 화내지 않는다면'이라는 두 조건을 제시합니다.

*

Are you ready to take criticism not as a wound, but as a chance to learn?

비난을 마음의 상처로 받아들이지 않고 배움의 기회로 삼을 준비가 되어 있나요?

Dear Reader,

I used to believe that I had lived my life achieving what I wanted step by step, without facing great hardships. Results always followed my efforts, and I thought my life was steady and strong. Maybe that is why pride and vanity quietly grew inside me.

But when I was struck by a huge wave that shook my whole life, I finally learned humility. When my heart, once full of pride and display, was emptied, something new began to flow in. Failure and frustration made me realize how limited I truly was, and in that realization, the seeds of genuine learning and growth began to sprout.

Unlike the past, when I only stuck to my own standards, I now listen more deeply to others, even accept criticism with an open heart and turn it into a chance to learn. Humility is not merely about making myself small, but about being ready to welcome a bigger world.

With a heart that is always ready to learn and grow together,

저는 그동안 큰 어려움 없이, 원하는 것들을 차근차근 이루며 살아왔다고 믿었습니다. 노력한 만큼 결과가 따라왔고, 그만큼 제 삶은 흔들림 없이 굳건하다고 여겼지요. 그래서일까요? 제 안에서 교만과 자만이 조용히 자라나더군요.

하지만 삶을 통째로 뒤흔드는 거대한 파도를 온몸으로 맞닥뜨리며 비로소 겸손을 배웠습니다. 교만과 과시로 가득했던 마음이 텅 비워지자, 그 빈자리에 새로운 것들이 스며들기 시작했습니다. 실패와 좌절은 제가 한없이 부족함을 깨닫게 했고, 그것을 깨닫자 진정한 배움과 성장의 씨앗이 싹트기 시작했습니다.

나만의 확고한 기준을 들이대던 이전과 다르게 저는 다른 이들의 말에 더 귀 기울일 수 있게 되었고, 비난조차도 열린 마음으로 받아들여 배움의 기회로 삼을 수 있게 되었습니다. 겸손은 단순히 나를 낮추는 것이 아닌, 내가 더 넓은 세상을 받아들일 수 있는 준비입니다.

늘 함께 배우고 성장하는 마음으로,

Chapter
10

Compassion & Connection

연민과 연결

✳

The heart grows fullest when it is poured out for others.

마음은 남을 위해 기꺼이 흘려보낼 때 가장 풍요롭게 자랍니다.

Act of Generosity

관대함의 행동

The best way to find yourself is
to lose yourself in the service of others.

- In the spirit of Mahatma Gandhi -

자신을 찾는 가장 좋은 방법은 남을 섬김 속에서 자신을 잃는 것이다.

- 마하트마 간디의 철학을 담아 -

generosity 너그러움 lose oneself 자신을 잊다, 몰입하다, (타인이나 어떤 일에) 온전히 헌신하다 service 섬김, 봉사

Date . .

누군가를 위해 시간을 내어주고 작은 친절을 건네고 기꺼이 손을 내밀 때, 우리는 오히려 나 자신을 더 깊이 만나게 됩니다. 나눔과 봉사 속에서 내가 가진 마음의 크기를 알게 되고, 그 안에서 진짜 나의 모습을 마주하기 때문입니다. 오늘, 나만을 생각하기보다 누군가를 위해 작은 행동 하나를 해보는 건 어떨까요? 그런 순간들이 오히려 진짜 나를 찾는 데 더 큰 도움이 될지도 모릅니다. The best way to find yourself가 주어, is가 동사인 문장입니다. to lose... 부분은 보어 역할을 하는 to부정사로 '~을 잃는 것'을 뜻하고 있습니다.

*

What small act can you do for someone today?

오늘, 누군가를 위해 할 수 있는 작은 행동은 무엇인가요?

Aid One Another

서로 돕는 삶

We are made to aid one another, for in pity and love,
the soul finds its truest bond.

- Marcus Aurelius -

우리는 서로 돕도록 만들어졌다.
연민과 사랑 속에서 영혼은 가장 진실한 유대를 찾는다.

- 마르쿠스 아우렐리우스 -

aid 돕다, 원조하다 one another 서로 pity 연민, 측은함 bond 유대, 끈

Date . .

제 삶이 그저 잔잔한 파도였던 시절, 그것이 우연히 주어진 행운임을 알지 못하고 혼자의 힘으로 헤쳐나가고 있다고 착각했었습니다. 그러나 인생의 파고가 높아졌을 때, 그 거센 파도를 홀로 넘을 수 없음을 깨달았습니다. 그때 제 안부를 물어주고, 위로를 건네고, 문고리에 음식을 걸어두던 고마운 분들이 없었다면 저는 여전히 깊은 심연에서 허우적거리고 있을 것입니다. We are made to aid one another는 'be + p.p.'의 수동태 구조로, '우리는 서로를 돕도록 만들어졌다'란 뜻입니다.

*

When was the last time the simple care of family or neighbors—like asking how you are or sharing a meal—helped you rise again?

가족이나 이웃이 건넨 안부나 따뜻한 한 끼 같은 작은 돌봄이 여러분을 다시 일어서게 해준 순간은 마지막으로 언제였나요?

Made for Cooperation

협력을 위해 만들어진 존재

We are made for cooperation, like feet, like hands, like eyelids, like the rows of the upper and lower teeth.

- Marcus Aurelius -

우리는 서로 협력하도록 만들어졌다. 발, 손, 눈꺼풀, 그리고 윗니와 아랫니처럼.

- 마르쿠스 아우렐리우스 -

cooperation 협력 eyelids 눈꺼풀 row 줄, 열

Date . .

우리는 각자의 역할로 조화를 이룹니다. 혼자였다면 결코 떠올리지 못할 아이디어가 동료와의 대화에서 떠오르고, 마음을 짓누르던 일은 친구의 위로와 조언으로 한결 가벼워집니다. 낯선 이의 작은 도움 하나가 엉킨 하루를 풀어주기도 합니다. 오늘, 곁에 있는 누군가와 마음을 나누며 작은 협력을 시작해보세요. 삶은 때로 각자의 몫을 다투게 하지만, 진정한 힘은 경쟁이 아닌 협력과 조화에서 나옵니다. like feet, like hands, like eyelids…는 전치사 like가 반복되어 '발, 손, 눈꺼풀, 그리고 윗니와 아랫니처럼'이라는 비유를 표현하고 있습니다.

※

In what moments do you most clearly feel
that life is about cooperation, not isolation?

여러분은 언제 삶이 고립이 아니라 협력이라는 것을 가장 선명하게 느끼시나요?

094

Live for Others

타인을 위해 살아라

No one can live happily who has regard to himself alone and transforms everything into a question of his own utility; you must live for your neighbour, if you would live for yourself.

- Seneca -

자기 자신만을 생각하며 모든 것을 자신의 이익으로만 돌리는 이는
결코 행복하게 살 수 없다.
자신을 위해 살고자 한다면 이웃을 위해 살아야 한다.

- 세네카 -

have regard to ~에 주의를 기울이다, 고려하다, 마음을 두다 transform A into B A를 B로 바꾸다 utility 이익, 쓸모, 유용성

Date . .

완전한 행복은 나만을 위한 계산 속에서는 찾을 수 없습니다. 진짜 기쁨은 누군가를 위해 내 삶을 나눌 때 누릴 수 있고, 그 나눔은 고갈되는 것이 아니라 나눈 그 이상으로 채워집니다. 나를 진정으로 사랑한다면, 오늘 나를 위한 행동이 아닌 남을 위한 행동 한 가지를 해보세요. 남을 위한 것 같았으나 이것이 오히려 나를 채우는 가장 큰 선물이 될 것입니다. No one … who ~ 구조로, who절이 앞의 명사 No one을 수식합니다. No one can live happily(누구도 행복하게 살 수 없다)란 결론을 먼저 말한 후, who has…를 써서 '근데 어떤 사람을 말하는 거냐면' 하고 설명을 추가한 문장입니다.

✳

What is one way you can live for someone else today?

오늘, 여러분이 누군가를 위해 살 수 있는 한 가지 방법은 무엇인가요?

095

Love of Humanity

인간을 향한 사랑

Man is never so near to the gods
as when he shows kindness to his fellow men.

- In the spirit of Cicero -

인간이 신들에게 가장 가까워지는 순간은 다른 이에게 친절을 베풀 때이다.

- 키케로의 철학을 담아 -

near to ~에 가까운 gods 신들 kindness 친절, 자비 fellow men 동료 인간, 다른 사람들

Date . .

우리가 가장 고귀해지는 순간은 특별한 업적을 세울 때가 아니라, 오히려 일상 속에서 누군가에게 작은 친절을 건네는 때입니다. 따뜻한 말 한마디, 작은 배려 하나가 누군가의 마음에 환한 불빛이 되기도 하기 때문입니다. 진정한 인간다움은 거창한 자리에서 드러나는 것이 아니라, 가장 소박한 순간 속에서 눈부신 모습으로 드러납니다. so … as ~는 '~만큼 …한'이란 의미입니다. 여기에서는 never so near … as when ~(~할 때만큼 가까운 순간은 없다)이라는 구문으로 쓰여, '가장 가까운 순간이다'라는 의미를 강조하고 있습니다.

✳

What small act of kindness have you received recently, and how did it make you feel?

최근 여러분이 받았던 작은 친절은 무엇이고, 그때 여러분의 마음은 어땠나요?

Pain of Others

타인의 고통

What injures the hive injures the bee.

- Marcus Aurelius -

벌집이 상하면 벌 역시 상하게 된다.

- 마르쿠스 아우렐리우스 -

hive 벌집 injure 다치게 하다, 손상시키다, 해를 끼치다 bee 벌

Date . .

서로 다른 모습으로 살아가지만, 우리는 결국 이어진 존재입니다. 그렇기 때문에 누군가의 슬픔이 내 마음을 흔드는 것은 우연이 아닙니다. 가족의 눈물이든 이웃의 한숨이든, 타인의 아픔을 외면하지 않고 느낄 수 있는 순간에 우리는 더 깊은 인간다움에 가 닿습니다. 오늘 누군가의 고통 앞에서 모른 척 마음을 닫지 말고, 안부를 묻고 그 이야기를 들어주세요. 작은 관심과 공감이 누군가에게는 큰 위로와 치유가 될 수 있습니다. what절이 주어인 문장입니다. What injures the hive까지가 주어이며 injures가 동사, the bee가 목적어인 구조입니다.

⁕

Is there someone around you going through a hard time?
How could you reach out to them today?

여러분 주변에 힘든 시간을 보내고 있는 사람이 있나요? 오늘 그들에게 어떻게 다가갈 수 있을까요?

097

The Gift of Kindness

친절이라는 선물

The smallest act of kindness is worth more than the grandest intention.

- Oscar Wilde -

가장 작은 친절의 행동이 가장 거창한 의도보다 가치 있다.

- 오스카 와일드 -

kindness 친절 smallest 가장 작은 act 행동 worth ~의 가치가 있는 grandest 가장 거창한, 가장 웅장한 intention 의도

Date . .

진심 어린 작은 행동의 가치는 우리가 상상하는 것보다 훨씬 큽니다. 그것이 누군가의 하루 전체를 밝혀주거나, 진정한 위로와 따뜻한 보살핌이 될 수도 있기 때문입니다. 편의점에서 계산을 마치고 건네는 미소, 지하철에서 자리를 양보하는 행동, 늦은 밤 고생하는 동료에게 남기는 짧은 메시지를 통해서 오늘 여러분의 하루를 작은 친절로 채워보세요. 그 작고 소박한 친절은 누군가에게는 하루를 밝히는 불빛이 됨과 동시에, 여러분의 마음까지도 환한 빛으로 가득 채워줄 것입니다. be worth more than은 '~보다 더 가치가 있다'란 의미의 표현입니다.

✳

What small kindness can you practice today?

오늘 당신이 실천할 수 있는 작은 친절은 무엇인가요?

Do Good Without Expecting Return

보답을 바라지 말고 선을 행하라

When you have done a good deed that another has had the benefit of, why do you need a third reward—as fools do—praise for having done well or looking for a favor in return.

- Marcus Aurelius -

누군가에게 선행을 베풀어 그가 그 혜택을 받았다면,
왜 세 번째 보상을 구하는가?
어리석은 자들처럼 잘했다는 칭찬이나 보답을 기대할 필요가 있는가?

- 마르쿠스 아우렐리우스 -

good deed 선행 benefit 혜택, 이익 reward 보상 praise 칭찬 favor 호의, 보은

Date . .

우리가 선행을 베풀 때, 가장 큰 보상은 이미 그 순간에 주어지게 됩니다. 누군가가 우리의 도움으로 잠시나마 숨을 돌렸다면, 그것만으로 충분하지 않을까요? 아우렐리우스는 우리가 베푼 친절과 선행은 그 자체로 완전한 행위임을 강조합니다. 칭찬이나 보상을 바라지 말고, 이 순수한 기쁨을 있는 그대로 누려보세요. that another has had the benefit of는 관계대명사 that이 a good deed를 수식하며 '다른 사람이 그 혜택을 누린'이라는 의미를 추가적으로 설명하고 있습니다.

*

Have you ever helped someone without expecting anything in return?

여러분은 대가를 바라지 않고 누군가를 도운 경험이 있나요?

We Need One Another

우리는 서로가 필요하다

A city comes into being because each of us is not self-sufficient but is in need of many things.

- Plato -

도시는 우리가 각자 자급자족할 수 없고
많은 것들을 필요로 하기 때문에 생겨난다.

- 플라톤 -

come into being 태어나다, 생겨나다 self-sufficient 자급자족하는 in need of ~이 필요한

Date . .

우리는 서로의 손길을 빌려야만 의식주를 마련할 수 있고, 서로의 지혜를 통해 더 나은 길을 찾습니다. 이처럼 부족함이 모여 공동체가 생기고, 그 속에서 우리는 서로를 지탱하며 살아갑니다. 연결은 나약함의 표시가 아니라, 인간다움의 본질입니다. 오늘, 여러분 곁의 누군가에게 다가가 작은 도움과 따뜻한 마음을 나눠보세요. 그 순간 우리는 '함께 살아가는 힘'의 의미를 더 깊이 이해하게 됩니다. 이 문장의 each of us is not self-sufficient but is in need of many things 부분은 not A but B의 구조로, '우리는 자급자족하는 존재가 아니라 많은 것이 필요한 존재다'라는 의미를 갖습니다.

✳

Where in your life do you most clearly see that you are not self-sufficient, but in need of others?

여러분의 삶에서 스스로 충족할 수 없고, 누군가의 도움이 꼭 필요하다고 가장 확실히 느끼는 순간은 언제인가요?

100

What Lasts Beyond Us

우리가 사라진 뒤에도 남는 것

What we do for ourselves dies with us;
what we do for others remains and is immortal.

- In the spirit of Marcus Aurelius -

우리가 자신을 위해 하는 일은 우리와 함께 사라지지만,
남을 위해 하는 일은 남아 불멸이 된다.

- 마르쿠스 아우렐리우스의 철학을 담아 -

die with ~와 함께 사라지다 remain 남다 immortal 불멸의, 영원한

Date . .

우리는 살아가며 많은 것을 이루어내지만, 나만의 이익이나 성취를 위해 한 일들은 오래 지속되지 못하고 이내 휘발됩니다. 하지만 누군가를 위해 베푼 친절과 도움은 시간이 흘러도 사라지지 않습니다. 그것은 다른 이들의 기억 속에 남아 그들의 삶을 밝히며 이어져나가기 때문입니다. 'what + 주어 + 동사'는 '~하는 것'을 뜻하는 명사절로, 위 문장에서는 주어로 사용되었습니다. What we do for ourselves는 '우리가 자신을 위해 하는 일은'이라는 의미를, what we do for others는 '우리가 타인을 위해 하는 일은'이라는 의미를 갖는 각각의 주어입니다.

*

What is one small thing you have done for someone else
that you hope will last beyond yourself?

여러분이 누군가를 위해 했던 작은 일 가운데, 여러분이 떠난 뒤에도 남아 있기를 바라는 것은 무엇인가요?

Dear Reader,

Looking back, I realize I spent many days living just for myself. Those times were full of hard work, and I achieved some things, but I always felt empty inside. Even though I lived for me, it often felt like the real me was missing.

One day, by chance, I used my small talents to help someone else. At first, giving my time and energy felt hard. But it wasn't draining at all. Instead, I was able to meet a more mature version of myself, and my life became deeper and richer.

So now I know. True fulfillment does not come from achievements for myself alone, but blossoms in the act of giving to others. And on that path, I can finally begin to discover what it truly means to live as myself.

With gratitude and peace,

삶을 돌아보면, 이기적으로 살았던 날들이 더 많았던 것 같습니다. 나 자신만을 위해 달렸던 시간들은 치열했고, 때로는 성과도 있었지만, 늘 갈급한 삶이었습니다. 나를 위해 살았으나 진정한 내가 없는 느낌이었습니다.

그러던 중 우연히 누군가를 위해 저의 작은 재능을 나누었던 날이 있었습니다. 내 시간과 에너지를 남을 위해 쓰는 게 처음엔 힘들게 느껴졌지만, 그건 결코 소진되는 것이 아니었습니다. 오히려 더 성숙한 나를 만날 수 있었고, 삶은 더 깊고 풍요롭게 확장되었습니다.

그래서 이제는 알 것 같습니다. 진정한 충만함은 나만을 위한 성취에서 오지 않고, 누군가를 위한 나눔 속에서 피어난다는 것을요. 그리고 그 길 위에서 비로소 '나답게' 살아가는 의미를 찾아갈 수 있다는 것도요.

감사와 평안을 담아,

사유의 문장, 영어 필사 100일
Sentences for Reflection: 100-Day English Copywork

초판 발행 · 2026년 3월 20일

지은이 · 영어키위새(김윤진)
발행인 · 이종원
발행처 · (주)도서출판 길벗
브랜드 · 길벗이지톡
출판사 등록일 · 1990년 12월 24일
주소 · 서울시 마포구 월드컵로 10길 56(서교동)
대표 전화 · 02)332-0931 | 팩스 · 02)323-0586
홈페이지 · www.gilbut.co.kr | 이메일 · eztok@gilbut.co.kr

기획 및 책임편집 · 고경환(kkh@gilbut.co.kr) | 디자인 · 최주연 | 제작 · 이준호, 손일순, 이진혁
마케팅 · 차명환, 장봉석, 최소영 | 영업관리 · 김명자, 심선숙 | 독자지원 · 윤정아

편집진행 및 교정교열 · 안현진 | 전산편집 · 허문희 | 녹음 및 편집 · 와이알미디어
CTP 출력 및 인쇄 · 상지사피앤비 | 제본 · 상지사피앤비

ISBN 979-11-407-1769-9 03740 (길벗 도서번호 301227)
정가 22,000원